なぜあの商品、サービスは売れたのか？

トップマーケッターたちの思考

北の達人コーポレーション代表取締役社長
木下勝寿【編著】

実業之日本社

トップマーケッターたちの思考

なぜあの商品、サービスは売れたのか？

登場マーケッター紹介

「メンズスキンケアブランド世界シェアNo.1」を掲げて創業5年で売上シェアNo.1

株式会社バルクオム
代表取締役CEO 野口卓也

P.50

BULK
HOMME

発売2年で年商136億円の鬼バズりブランド「YOLU」を生み出した

株式会社I-ne 執行役員CSO
伊藤翔哉

P.34

YOLU

Webマーケティングにより一代で東証プライム上場まで導いた

株式会社北の達人コーポレーション
代表取締役社長 木下勝寿

P.16

北の達人
KITANO TATSUJIN

激戦のプロテイン市場に後発参入4年で74億円の急成長人気フィットネスブランド

株式会社レバレッジ 代表取締役社長
只石昌幸

P.76

VALX

年商17億円の2代目バチェロレッテの美貌の裏の顔はロジカル戦略家

DINÉTTE株式会社 代表取締役CEO
尾崎美紀

P.60

PHOEBE BEAUTY UP

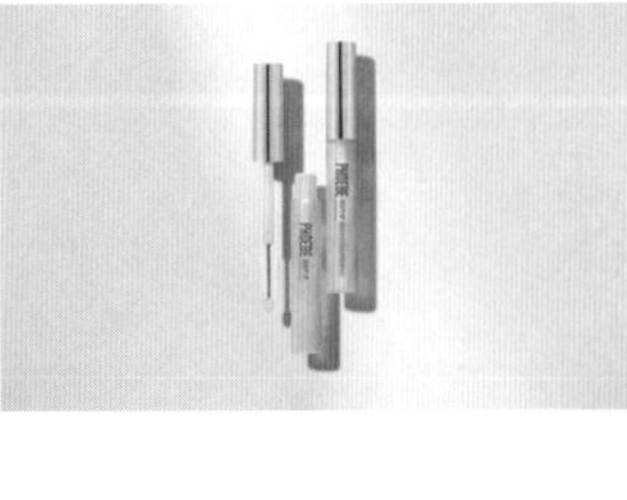

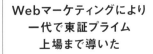

YouTube×おせち販売という超最新のインフルエンサーマーケティング

一般社団法人日本EC協会 代表理事
福島亮

P.108

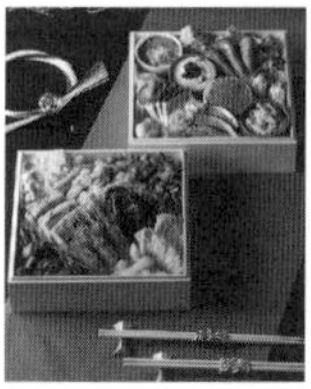

一般社団法人
日本EC協会

29歳で年商25億円の天才美容師マーケッター

株式会社Kyogoku 代表取締役
京極琉

P.94

KG
KYOGOKU
PROFESSIONAL

「ノンタイトル」「令和の虎」の企画モノ『シャントリボディー』を「定番商品」に進化させた

株式会社TELESA 代表取締役
車谷セナ

P.134

100%メイドインジャパンで世界的アパレルブランドを目指す

ファクトリエ代表
山田敏夫

P.120

• FACTELIER

累計売上1400億円の
大ヒット育毛剤『ニューモ』を
生み出した

株式会社ファーマフーズ 専務取締役
益田和二行

P.164

株式会社ファーマフーズ

Amazon、楽天の徹底的な
ハックにより化粧品類で
68億円をたたき出した

イルミルド株式会社 代表取締役社長
西俊彦

P.150

ALLNA
ORGANIC

コロナ禍の規制緩和を背景に
会員数200万人にまで爆伸びした
新世代ECビジネスモデル

ジェイフロンティア株式会社
代表取締役社長執行役員 中村篤弘

P.192

SOKUYAKU

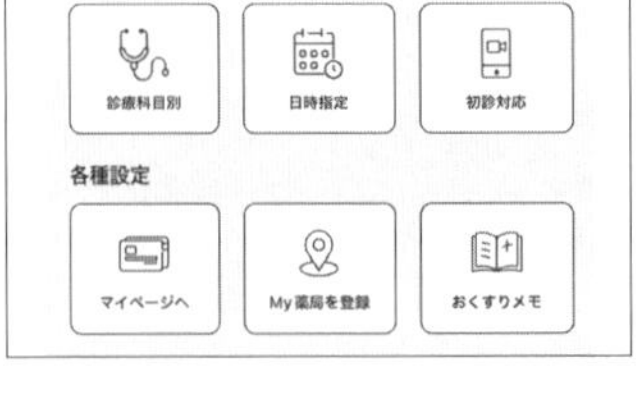

コロナ禍で月間流通
金額を35倍に伸ばして生産者登録
1万人、消費者登録100万人の
産直サービス

株式会社ビビッドガーデン
代表取締役社長 秋元里奈

P.180

食べチョク
TABE CHOKU

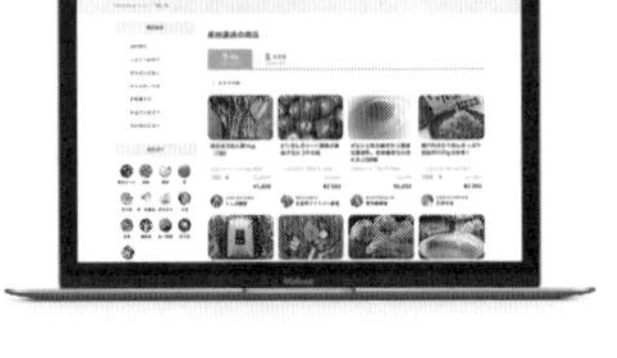

年商400億円の
眠れる老舗企業の再建を託され、
V字回復させた

株式会社ポーラ 代表取締役社長
小林琢磨

P.226

ORBIS

3事業撤退、従業員半減から
V字回復させた令和の
B2B新ビジネス

株式会社 大都 代表取締役社長
山田岳人

P.208

今すぐ、この手だ。
トラノテ

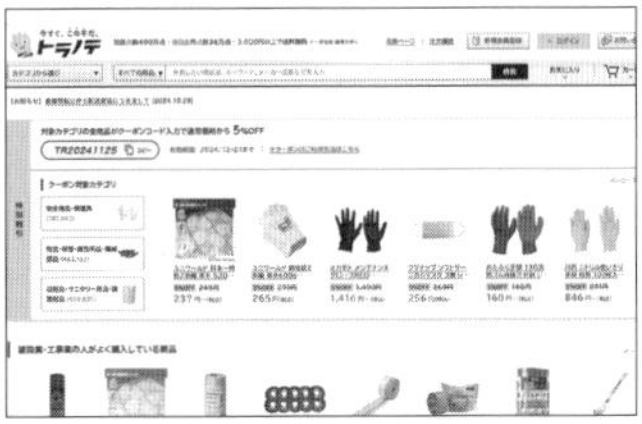

日本の
マーケティング界を変えた
伝説のマーケッター

アルマ・クリエイション株式会社
代表取締役 神田昌典

P.262

ALMACREATION

ナショナルブランドの
7割が頼る
「レスポンスの魔術師」

株式会社売れるネット広告社
代表取締役社長CEO 加藤公一レオ

P.246

売れる
ネット
広告社

はじめに

この本は日本にヒット商品やヒットサービスを次々に生み出すトップマーケッターを量産するために作った本である。

なぜ、あの商品やサービスは売れたのか？
その答えを求めて、インターネット発のヒット商品やサービスを生み出した16人の経営者に直接話を聞き、その思考法や成功の裏にあるノウハウを徹底的に掘り下げた。
その結果得られた知見を、あなたが即使える形でまとめ上げたのが本書だ。

16人の経営者たちはいずれもEC（Electric Commerce＝電子商取引）の世界におけるトップマーケッターたちである。
その知見をただ聞き流すのではなく、私自身が「それはどういう意味ですか？」「具体的にはどうすればいいのですか？」と食い下がり、一歩一歩その本質を深掘りしていった結果、「再現性のあるノウハウ」として結晶化させたのがこの一冊だ。

本書を2〜3時間かけて読み終えれば、16人のトップマーケッターたちの思考があなたの頭脳にインストールされ、ネットでヒット商品やサービスを生み出す力が手に入るだろう。

もしくは贅沢に1日1人分ずつインストールしてじっくり咀嚼してもいいだろう。
いずれにせよ、ページをめくるたびに、あなたの中のマーケティング能力が劇的にアップデートされる感覚を味わえるはずだ。
そして、次にヒットを飛ばすのはあなたになる。

読み終えた先に待つ、生まれ変わった自分を思い描きながら、次のページをめくってほしい。

それでは、トップマーケッターたちの思考の核心へ、いざ踏み出そう!

目次

第2章

インフルエンサー発でヒットした商品

第5章 急成長ＥＣプラットフォーム

第8章

第 0 章

北の達人
KITANO TATSUJIN

私はなぜインターネットでモノを売るビジネスを選んだのか？

ECの系譜と当社の成り立ち

木下勝寿

（きのした・かつひさ）

株式会社北の達人コーポレーション 代表取締役社長

資本金は1万円、社員は自分一人というところから起業し、独自のWebマーケティングで東証プライム上場企業まで育て上げた現役の代表取締役社長兼現役D2Cマーケッター。東洋経済オンライン「市場が評価した経営者ランキング2019」1位。X（旧Twitter）での情報が「現役の上場企業社長からマーケティング理論を学べる」と多くのビジネスパーソンの心をつかみ、フォロワー数は8万人超え。『ファンダメンタルズ×テクニカル マーケティング（実業之日本社刊）』などマーケティング理論、管理会計理論、仕事術、組織論を書いた著作はどれもベストセラー入りしており、著書累計35万部を超えている。事業においては「北の快適工房」という化粧品、健康食品ブランドのD2C事業を行っており、社長を務めながらもWebマーケティング部長を兼任し、現在もマーケティングの最前線で戦っている。

バブルの残り香が微かに香るインターネット黎明期の1990年代後半、楽天市場やAmazonといった大手ECサイトが誕生し、「インターネットでモノを売る」という新しいビジネスに多くの企業が参入した。

私は2000年にまさにこの「インターネットを使ってモノを売る」ビジネスでたった一人で創業し、のちに「株式会社北の達人コーポレーション」として法人化して東証プライム上場企業にまで育て上げてきた。

ネットでモノを売ると一言で言っても、そこには様々な業態がある。インターネット上で行われるあらゆる取引を「EC（Electronic Commerce＝電子商取引）」と呼ぶことは、今ではほとんどの人が知っているだろう。このECビジネスの発展に伴って、インターネットのビジネスも多様化し続けている。

そんな中、2010年代後半からEC市場の中の新たなビジネスモデルとして注目を集めたのが、メーカーやブランドが中間業者を介さずにインターネットで直接消費者へ商品を販売するビジネスモデルのD2C（Direct to Consumer）である。それまでのECは通常の店舗などで売られている商品をインターネットという販路で売る「小売業」だった。しかし、ECの普及により「ネットで売ることを前提に商品を作り、ネットだけで売るメーカー直販」というビジネスモデルが生まれた。それがD2Cと言われ、一つの産業として定着したのだ。

またAmazonや楽天など大手が代表する総合ECプラットフォーム以外にも、メルカリなどの個人間売買のECプラットフォーム、マクアケなどのクラウドファンディングのプラットフォーム、また産地直送や処方薬専門のプラットフォームなど様々な細分化されたプラットフォームが生まれた。

私が経営する株式会社北の達人コーポレーションは、北海道の特産品をインターネットを介して売るいわゆる小売業としてのEC事業でスタートした。しかし、現在は「北の快適工房」という化粧品・健康食品ブランドを立ち上げ、それを主に自社サイトで販売するD2Cに事業を変換して大きな成長を遂げた。

本書に登場する企業のほとんどが、インターネットを通じて自社の商品やサービスを広めるEC事業者やECプラットフォームであり、企業によってはリアル店舗への卸なども組み合わせることで大ヒットに繋げている。彼らトップマーケッターたちの思考を、自身もマーケッターである著者がインタビューをすることで明らかにし、読者の皆さまの事業に少しでもプラスの効果をもたらすことができれば幸いである。

まずは語り部である私、北の達人コーポレーション代表取締役社長木下勝寿が自社のECについてお話ししよう。

インターネットでモノを売るビジネスを選んだ3つのポイント

自己紹介も兼ねて、私がなぜインターネットを使って商売をするに至ったのかを簡単に説明したい。

私は新卒で入社したリクルートで5年間働いたあと、日用品販売事業で独立した。1年目は順調だったものの次第に事業は衰退。2年目には財布の中身が50円になり、事業を撤退せざるを得なくなった。すでに30歳を超えていた私は肉体労働で食い繋ぎながら、次の機会を模索していた。そうして2000年にEC事業を開始することになったのだが、次の事業としてEC事業を選ぶ際には以下の3つのポイントを重視した。

①インターネットビジネスであること
②B2Cビジネスであること
③有形商材ビジネスであること

まず第一に「インターネットビジネスであること」がポイントだった。2000年はインターネットの黎明期、つまり時代の変わり目だった。私は坂本龍馬が好きなのだが、**龍馬がなぜ活躍できたのかを解き明かしていくと、持って生まれた能力や身につけた商才、人脈や運など、様々**

世界の時価総額ランキング

順位	銘柄名	時価総額（十億ドル）
1	アップル	3,587
2	エヌビディア	3,386
3	マイクロソフト	3,148
4	アマゾン	2,186
5	アルファベット（グーグル）	2,068
6	サウジアラビア石油	1,781
7	メタ	1,450
8	テスラ	1,108
9	バークシャー・ハサウェイ	1,042
10	台湾セミコンダクターマニファクチャリング	823

出典：CorporateInformation（www.corporateinformation.com/#/google_vignette）をもとに編集部で作成 ※2024年12月6日調べ

な要素があるとは思うが、最も大きかった要因は「時代の変わり目」だったことである。インターネットが一気に普及し、ビジネスに革命が起きた2000年前後は、まさに時代の変わり目だった。

現在の世界の時価総額ランキングトップ10企業の顔ぶれを見れば、2000年前後が時代の変わり目であったことが容易にわかる。例えば、Amazonは1994年、Googleは1998年、Facebook（現Meta）は2004年の創業で、まさにインターネットという時代の波に乗って急成長した企業であり、ビジネスにおいてインターネットが明治維新級の衝撃だったことは明らかである。

2つ目のポイントがB2Cビジネスであることだった。

2000年当時、インターネットを使ったビジネスで一番多かったのが、レンタルサーバーやプロバイダー、ホームページ作成などのB2B（Business to Business）ビジネスだった。つまり企業が企業に売る企業間取引である。

B2Bに対して企業が消費者に売るビジネスをB2C（Business to Consumer）というが、当然一回の取引で動く金額はB2Bの方が大きくなるため、事業を立ち上げて軌道に乗るまでが早いのはB2Bである。

ところが、**B2Bは景気の波に弱い。**私は学生起業をしたあと、1992年にリクルートに入社し、求人媒体の営業をしていた。その頃といえばちょうどバブル崩壊の時期で、私は経営状態の悪化した企業が人員の採用をストップしたり、仕入れを抑制したり、B2Bビジネスの需要が一気になくなるところを間近に見てきた。

一方で**B2Cビジネスは、一回あたりの取引金額は小さく、コミュニケーションにも手間がかかるが、景気が悪くても一気に需要が0《ゼロ》になるようなことは起こりづらい。**つまりB2Bビジネスに比べれば景気の影響を受けづらいビジネスといえる。

こういったことを考え、インターネットを使って消費者の方々に商品やサービスを直接売ることを仕事にしようと決めた。

では何を売るか？

これが3つ目のポイントであるが、私はインターネットを使って消費者の方々に「有形商材＝

目に見える形で存在する製品」を売ることにした。

今でこそアプリやゲームといった無形サービスは様々あるが、参入した当時はスマホは存在しておらず、ネットで売る無形商材の代表は着メロだった。着メロの市場は非常に大きかったものの、今、ガラケーを使い着メロをダウンロードする人などほとんどいないことからもわかるように、**無形商材は技術の革新で一気に衰退する可能性があるビジネス**だと考えられる。

こうして私は、インターネットを使って消費者の方々に商品やサービスを直接売る事業を可能な限り長くやっていくために、有形商材を扱うという選択をしたのである。

こうしてインターネットビジネスに参入したものの、先ほども言ったように、1回目の起業で失敗していた私の財布には50円しかなく、資本金は1万円という何もない中でのスタートだった。

北海道の特産品をインターネットで売ろうにも、それらを仕入れるお金はない。そこで私は、北海道の特産品を扱っている企業と契約し、その会社の商品をホームページに載せて宣伝し、その企業の代わりにネットでものを売ることにした。いわゆる受注発注のビジネスである。

注文が入ったらその会社に商品を発送してもらい、販売手数料をいただくビジネスである。これであれば自社で在庫を抱えない上に入金も先なので、手持ちのお金がなくても始められる。このような形でスタートしたこともあり、私は創業以来、一度も借金をすることなく年商100億

受注発注の仕組み

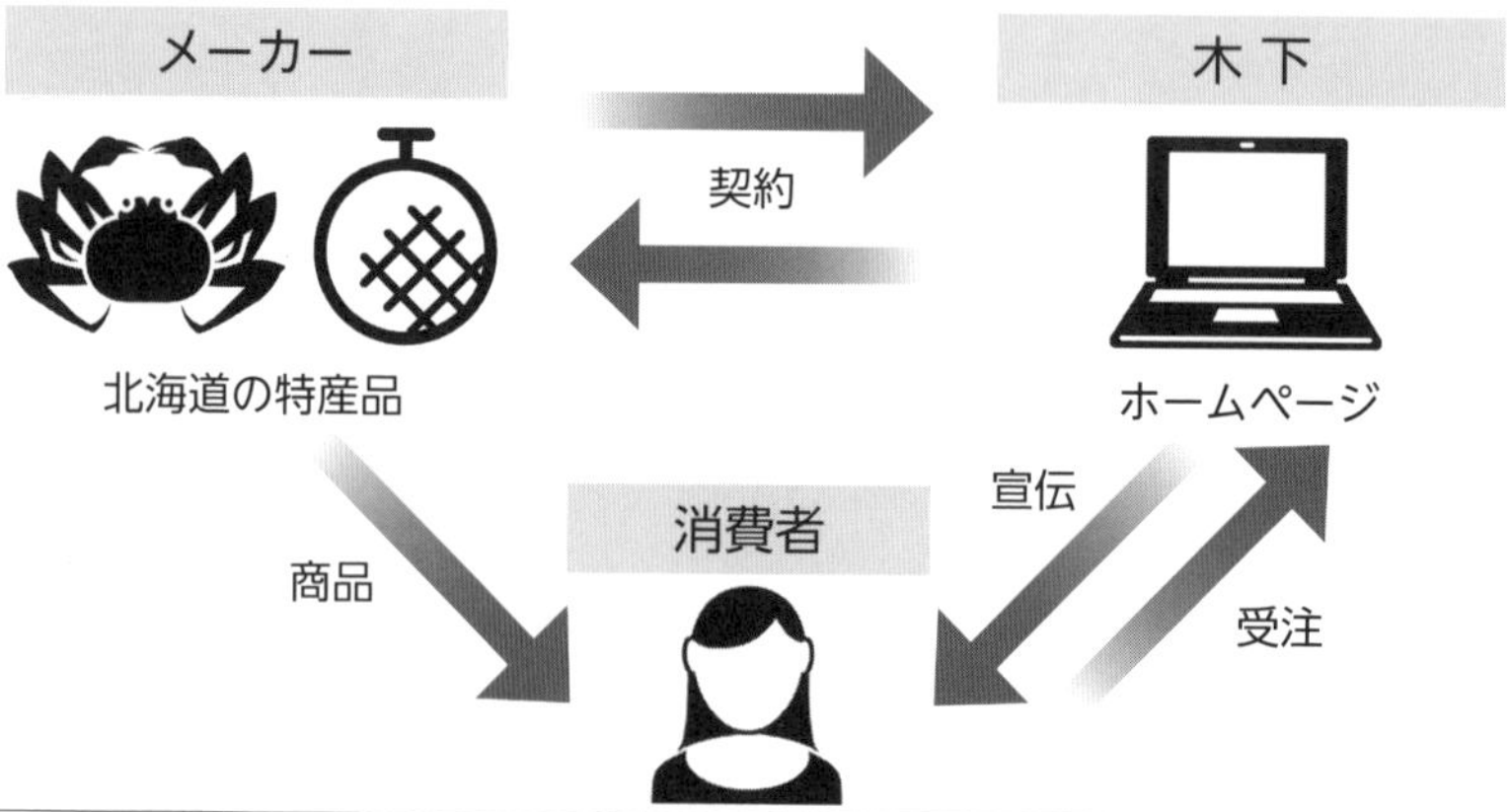

円まで到達することができた。

しかし、海のものとも山のものともわからない正体不明の若者に、自分たちの大切な商品を任せようとしてくれる人はなかなかいなかった。１００社に連絡をしてもほとんど門前払いされたが、わずか4社だけが商品を卸してくれた。私はその人たちに「僕は絶対に成功します。なぜなら成功するまでやり続けるからです」と宣言しながら営業し、地道に契約を増やしていった。

とはいえ最初の半年の月商は約10万円。とても給料は取れず、アルバイトをしながらの日々を過ごした。1年ほどでようやく月商が約１００万円になったが、アルバイトを雇っていたので、彼らの給料を払うと自分に払う金額は残らず、その間に詐欺に遭ったりもして、一文無しになるという経験もした。見かねたアルバイトのメンバーがコーヒーを奢ってくれたこともあった。

事業の変遷、自社ブランドを開発して売ることに決めたわけ

ようやく給料を取れるようになったのは、事業を開始して2年ほどが経った２００２年頃からだった。

事業が軌道に乗ってきたのも束の間、２００４年に楽天がプロ野球に参入すると、一気にネット通販が世の中に広がり、北海道の特産品を楽天市場で販売する企業が瞬く間に５００社くらい増えた。

それまでは「ネットでモノを買うのは御社が初めてです」という人が顧客全体の半数といった状況であり、北海道の特産品を扱うサイトではトラフィック（Ｗｅｂサイトにアクセスしたユーザー数や、ページビュー数）№１だったが、ネットでモノを買う人が一気に増えると同時に競合が増え、激しい競争環境に身を置くことになった。

今までは「市場を広げる」ことが仕事だったが、市場が広がると今度は「競合と争う」ことが仕事になった。

差別化のために私たちは「訳ありグルメ」に特化したサイトを立ち上げた。カニやメロンなどの特産品を扱っていると、取引先の企業から足が折れてしまったカニや少し傷のついてしまったメロンを安く引き取ってくれないかという話がよくあった。そのような中身や味には問題ないが訳があって安くなっている商品を「訳ありグルメ」と名付け、専門のサイトで売ることにしたのだ。「訳ありグルメ」は大当たりし、サイトオープンから1年で年商は一気に1億円を突破した。

当時「日本オンラインショッピング大賞」という賞レースがあったが、ここで賞を受賞したことをきっかけにマスコミからの取材も殺到。１年間でメディアに30回以上取り上げられた。

こうして、経営者として事業を当てたことを喜んでいたのだが、テレビに紹介されても売り上げがあまり伸びなかった。「訳ありグルメ」自体の需要は一気に増えたものの、真似をする事業者も同時に増えたからである。テレビで弊社のサイトが取り上げられていたとしても、見ている人は「訳ありグルメ」に興味があるのであって、サイトの名前は忘れてしまうかあまり気にしていないのだ。「訳ありグルメ」で検索すると、似たようなサイトがたくさん出てくる。そしてその中で比較検討し、一番コスパがいいものを選ぶ。またもや激しい競争環境に身を置くことになった。

それまで私は、インターネットビジネスはアイデアとスピードが勝負だと考えていた。しかし**これだけ検索エンジンが普及し、簡単に比較検討できるようになると、目立っていることや一番最初にやることにはあまり意味がなくなってしまった。比較検討された上で選ばれる「本物」しか生き残れない時代**になったのである。

真似されて追いつかれるということは、結局その程度の会社でしかない。そう考えた私は、テクニックや小手先ではなく、うちでしか手に入らない本物で勝負しようと考え、自社ブランドを作ることにした。

その当時、扱っている北海道の特産品の中に少し変わった商品があった。それは北海道の特産品である甜菜《てんさい》から取れるオリゴ糖を使った健康食品で、この商品を購入したお客様から「20年間悩んでいた便秘が治った」「生活が変わった」といった喜びの声がたくさん届いたのだ。

それをきっかけに、やるならお客様に心から喜んでもらえる商品を作ろうと考え、自分たち独自のオリゴ糖を使った商品を研究開発するようになった。自分たちで特許や原料を調べたり、栽培自体を自分たちでできないのか検討したり、日本乳酸菌学会に加盟して大学の先生方の協力を得たりしながら、最初の自社ブランド商品である『カイテキオリゴ』という商品を開発した。また、売って終わりではなく、健康管理士や管理栄養士を採用し、無料相談窓口を作ってお客様の悩みが解消するまで一生付き合うためのカスタマーサポートの体制も整えた。

『カイテキオリゴ』は大ヒットし、累計200万個以上売れ、当時日本で一番売れているオリゴ糖になったのである。

商品作りのルール

私たちが商品を作る時に1つだけ決めていることがある。それは、「**びっくりするほど良いものができた時にしか商品化しない**」ということだ。

『カイテキオリゴ』の前身となるオリゴ糖の商品は、メーカーが「北の達人で扱ってくれないか」

と持ってきたものだった。しかし当時の主力商品はカニやメロンであり、「カニとかメロンを買っているお客さんに健康食品って売れないと思います」と言ってお断りした。

ただ、そのメーカーの営業担当者はとても熱心な人だったため、最終的には「実際に我々が使ってみて良かったら売りましょうか」ということになった。そして当時社内にいた便秘気味の社員に使ってもらうと、見事に効果が出たのである。サイトで実際に紹介してみるとたくさんのオーダーが入り、それに比例して喜びの声も次々届くようになった。


健康食品で体の悩みが解消するとこんなにも喜んでもらえるのだと知った私たちは、他の健康食品も扱ってみようと考え、市場リサーチを開始した。だが、調べてみてわかったのは、効くとされているのに全然効果がない商品や、成分は実際に入っているけれど、使用して効果を感じる人が全然いない商品など、世に出回っている健康食品の多くが結構いい加減であるということだった。

であれば、自分たちで色々作ってみて、自分たちが実際に効果があると判断したものだけを売ろうと決めた。

最初はカニやメロンを売ることが主な事業で、自社ブランドの健康食品の販売が副業的な扱いだったこともあり、うまくいかなくても構わないという余裕もあったし、色々な企業に試作品を作ってもらい、自分たちが試してみて良かったら商品化しようという体制だったため、2〜3年に1つくらいしか商品ができなかった。

ただ、良い悪いの判断を社内のメンバーでやっていると、1つの弊害が出てきた。それは**商品開発のメンバーが一生懸命やっていると、それを試す他の社員は彼らの頑張りを見ているため、良いか悪いか判断が難しい時に忖度してしまうこと**だった。

こうなると、本当に良いか悪いかの純粋な判断ができなくなる。そのため、今では**外部のモニターに社名や金額、商品名などあらゆる情報を伏せて判断してもらう体制にし、そこで7割以上の方が効果を実感した場合にのみ商品化する**というルールになっている。

ここまでのこだわりを持って商品開発をしていると、売る時も全て自分たちでお客様に伝えたいとなり、広告代理店などに頼らず自分たちでサイトを作り、自分たちで広告を作り、インターネットを使って自分たちで直接販売するという形に絞って事業を展開するD2Cが主力事業になったのである。

新商品や新規事業のルール

商品化のルールに加えて、私たちが新商品や新規事業を立ち上げる際にも2つの基準を設けている。

1つは「世の中を快適にするものであること」だ。ビジネス単体で考えると、テクニックなどを使えば比較的簡単に儲かるビジネスはある程度存在する。しかし、そういうものではなく、自分たちが作った商品で少しでも世の中が良くなるようにしたいと考えている。

もう1つは、「GDPが上がること」というルールだ。例えば自分たちが新しい商品を作って売り上げが10億円上がった一方で、競合の売上が10億円下がったとすれば、企業間競争の勝利としては良いかもしれないが、GDPで見ればプラマイゼロであり日本経済の発展には寄与していない。せっかく一生懸命仕事をするのであれば、競合からお客様を奪うのではなく、新しい市場を創出したり拡張したりすることで、日本経済全体にプラスの効果をもたらしたいと考えている。

私はこれまでに5冊の本を書いており、その目的は採用だったりもするが、ノウハウや考えを全て公開することで、世の中が少しでも良くなること、日本経済の発展に少しでも力になれれば良いと考えている。

今回の本のベースとなっているのは、『マーケティングキングダム』という私の経営する北の達人コーポレーションのラジオ・YouTubeのメディアミックス番組である。

本書は、これまでに番組にご出演いただいた方にご登場いただき、話していただいた内容に一部編集を加えつつもほぼそのまま掲載したものだが、私自身改めてテキストとしてまとめて読むと、内容がさらに深く頭に入ってくることに気がついた。「番組ではさらっと流してしまったけど、ここは実践にすぐに使えそうだな」とか「ある課題の解決方法に対して、この人とこの人は同じ考えをしているため、再現性が高そうだ」とか、行ったり来たりしながら読むことで、ＥＣやＤ２Ｃにおける自分なりの勝ち筋が見えてきたのだ。

通常のビジネス書であれば、掲げられたテーマに対しての「正解」を著者が与えてくれるが、正直に言えば、ビジネスにおいて万人にとっての正解は存在しない。本書に登場するリーダーたちも、毎日迷い、失敗を重ねながら成果を出してきている。

彼らが何に迷い、どのような失敗をし、その中からどんな方法を使ってヒット商品を生み出してきたかを知ることは、あなたのビジネスを前進させる上で間違いなく有益なものとなるはずだ。

第1章

マーケット分析からヒットした商品

事業が生まれる背景には、大きく分けて2つのパターンがある。1つは、創業者自身の原体験や強い思いから始まるケースである。もう1つは、市場（マーケット）を分析し、「このマーケットなら勝てる」と判断して事業を立ち上げるケースである。

前者の例としては、日清食品が挙げられる。創業者の安藤百福《あんどうももふく》氏は、第二次世界大戦後の大阪の闇市で、長い行列を作ってラーメンを買う人々の姿を目の当たりにした。この体験をきっかけに、「誰でも手軽に食べられる、安価で栄養価の高い食品を提供したい」という強い使命感を抱き、インスタントラーメンを開発した。この商品は世界中に普及し、日清食品は大きな成功を収めた。

一方、後者の例として楽天がある。創業者の三木谷浩史《みきたにひろし》氏は、事業を立ち上げる際に多くの選択肢を検討した。その中には「天然酵母を使ったパン屋チェーン店」など、現在の楽天とは全く異なるアイデアも含まれていた。しかし、様々な観点から分析した結果、「インターネットショッピングモールの将来性が最も高い」ということでこれを事業として選択し、楽天を立ち上げた。

この章では、後者のようなマーケット分析に基づいてD2C事業を展開したトップマーケッターたちに話を聞いてみた。

1-1

「トレンド×自社の強み×明確なコンセプト」で大ヒットしたYOLU

YOLU

伊藤翔哉（いとう・しょうや）

株式会社I-ne 執行役員CSO

2011年にI-neに入社。eコマースとデジタル上におけるブランド戦略に注力し、広告、マーケティングも兼任。オンラインで認知を獲得して実績を上げて、ドラッグストアなどのオフライン販売網に拡大展開する。オンライン起点でのビジネスモデルの構築に尽力。2017年取締役兼 販売事業本部本部長代理就任。2022年1月執行役員兼デジタルマーケティング本部本部長就任。2023年4月より、艾恩伊（上海）化粧品有限公司 董事就任。2024年1月執行役員 CSO（Chief Sales Officer）及びI-neの連結子会社である株式会社Endeavour代表取締役就任。

株式会社I－neはシャンプーなどのヘアケアを中心に展開するボタニカルライフスタイルブランド『BOTANIST（ボタニスト）』、夜間美容ブランド『YOLU（ヨル）』、ミニマル美容家電ブランド『SALONIA（サロニア）』などを擁する企業である。

同社の『BOTANIST』は2015年当時「大手有名企業ブランド」「価格帯は1000円以下」しか売れないと言われるヘアケア市場に「1000～1500円の中価格帯」で発売。「時代の先端であったボタニカルシャンプーの走り」としてあっという間にドラッグストアのヘアケア売場を席巻する一大ブランドになった。マーケティング手法としては、最初はネットで発売し、SNSでのバズや楽天などでのランキング実績を作り、ドラッグストアなどのリアル流通市場でスケールする形で成功。

今回のインタビューでは発売2年で年商136億円にまで育った「夜間美容」をコンセプトとした『YOLU』のマーケティング戦略について話を聞いた。

「夜間美容」というコンセプトが大ヒットした理由

木下 それにしても『ＹＯＬＵ』は何が理由でここまでヒットしたんですか？

伊藤 発売したのが２０２１年とちょうどコロナ禍で、「おうち美容」が流行ったタイミングだったことが大きかったです。寝ている間に髪が傷むことはエビデンスとしても出ているので、トレンドも含めて就寝中の髪のケアという「夜間美容」のコンセプトが受けたのが大きな要因でした。

木下 「夜間美容」というコンセプトってそれまでなかったんですか？

伊藤 シャンプーとしてはなかったんですが、他のアイテムとしてはナイトキャップなどがあって、寝ている間に髪をケアするという需要はあったんですよ。それをシャンプーでケアできないかなと。

木下 なるほど。僕らもシャンプーを商品化しているんですが、難しいのが「とはいえシャンプーだよね」という結論にいつも行き着いてしまうんですよ。つまり新しいコンセプトや機能をどれだけ乗せても「とはいえシャンプーにそこまでの値段つけられないよね」という部分が、どうしても乗り越えられないんです。その辺も含めて、ＹＯＬＵはどのようにして生み出されたのでしょうか？

伊藤 ＹＯＬＵって全社員からシャンプーのアイデアを集めるコンテストから生まれたブランドなんですよ。コンテストで集まった全アイデアをマーケティング部門や商品開発部門などのメンバーが集まってある程度の数に絞り、そこからお客さんやバイヤーさんなどの声を集める市場調

夜間美容ブランド『YOLU（ヨル）』

査、ECモールなどのトレンド調査をしました。この段階で「夜間美容」というコンセプトは2位だったんですが、経営陣や各セクションの責任者が集まる最終の意思決定の場は、定量的な調査結果を定性的に議論して、みんなが納得するものに決めるというのが弊社のやり方で、そこで『YOLU』に最終決定した、という流れです。

木下　なるほど。とはいえ、ECで夜間美容というコンセプトが受け入れられるだろうと思った根拠や背景には何があったんですか？

伊藤　売れる確信があったわけではなくて、「いけるかも…？」くらいですね。決めた要因で大きいのは1つは独自性、あとは「おうち美容」がトレンドだったことです。「今売れているシャンプーとは異なるコンセプトのものが何かしらハマるタイミングではないか」という仮説があって、その視点で「おうち美容」の別カテゴリーの売上推移を見ると、ちゃんと上がっていて、そこにへアケアはなかったのでやろうとなりました。

木下　オフラインの場合はバイヤーさんに気に入ってもらえるかどうかが大きいと思うのですが、そういった方々の反応はどうだったんですか？

伊藤　持っていくまでは正直わからなかったんですが、反応はすごくよかったんですよ。

木下　高評価だったのはどんな理由ですか？

伊藤　やはり「夜間美容」というコンセプトがコロナ禍の中でニーズにマッチした部分が大きかったと思います。あとは先行商品のBOTANISTが大ヒットしている実績があるので、BOTANISTを作っている会社の次のシャンプーという期待値の高さがあったかもしれません。これは僕の勝手な想像ですけれど。

木下　お客さんは、YOLUがBOTANISTと同じメーカーのものだという認識はあるんですか？

伊藤　それはほとんどないと思いますね。

木下　BOTANISTブランドとの相乗効果というものは特にない？

伊藤　あまりないですね。一緒にプロモーションするといったこともしていません。

木下　めちゃくちゃ色々質問してすみません、すごい面白くて（笑）。

伊藤　いえいえ（笑）。

木下　とはいえBOTANISTとYOLUはシャンプーというカテゴリーとしては丸かぶりじゃないですか。食い合ったりはしないんですか？

ボタニカルライフスタイルブランド『BOTANIST（ボタニスト）』

伊藤　もちろんそれはめちゃくちゃあります。ただ、僕たち以外のメーカーさんもどんどん入ってくるんで、取られるところは黙っていても取られますから、**多少のカニバリ（自社の商品やサービス同士が、同じ顧客を奪い合う状態）は仕方がないと割り切っていますね。**

木下　そもそもシャンプーの企画を社内でやろうという時点ですでにカニバリが起きる前提ですもんね。

伊藤　おっしゃる通りです。もちろんカニバリが起きないようにできることはするんですが、カニバリする確率がナレッジ（経験値）として溜まっていることもあってある程度予測がつく、というのもありますね。

木下　先ほど、YOLUは全社コンテストで2位とおっしゃっていましたけど、なぜ1位のものにしなかったんですか？

伊藤　僕らはクラフトとアートとサイエンスとい

う3つのキーワードを大事にしていて、クラフトは「良いものを作る」、アートは「デザインや世界観」、サイエンスは「データに基づいた意思決定」なんですが、この3つの観点から検討して最後は定性で決める方針です。データとしては1位の商品の方が良い結果だけど、自分たちらしさが出せる独自性や、プロモーションのしやすさ、話題の作りやすさなどを考えて「夜間美容シャンプー」に決めました。**いつも最後は定性的な観点から意思決定しています**。

木下　逆に1位を選ばなかったのにはどんな理由があるんですか？

伊藤　調査結果の段階で1位は「高濃度ビタミンシャンプー」だったんですが、すでに市場に結構な数のアイテムがあって。それらと違いを打ち出していく必要がありますが、正直良いアイデアが出なかったんです。最終的にYOLUに決めたのも、独自性が出せるかどうかという要素が最も大きかったですね。木下社長の方がお詳しいと思いますが、**定量的な調査で良い結果が出るものって耳馴染みがあったりとか、普段接しているようなものになりがち**じゃないですか。

木下　たしかにそうですね。

勝ち方のセオリー

木下　僕もよく社内で「この商品は売れると思うor売れないと思う／またその理由は何か」といったアンケートを取るんですが、「他社の同じような商品が売れているから同じようなものを出せば売れるんじゃないか」という意見もあれば、「他社がすでに同じような商品で売れてしまっているから、後発で出しても売れないんじゃないか」と、同じ事象に対して、真逆の意見が出るんですよね。

伊藤　めちゃくちゃわかります（笑）。

木下　結局のところ最後は「**広告表現でどう言えるかで決める**」という意見になるんですよね。

伊藤　わかります。そうなりますよね。

木下　どちらかといえば御社は「これまでにないもの」を出していく、という方が比重が大きいということですか？

伊藤　その観点もありますし、D2Cの勝ち方のセオリーってあるじゃないですか。それに乗れるかということももちろん考えます。なので、バランスを取るという感じですね。

木下　ここでいうD2Cの勝ち方のセオリーってどういうものですか？

伊藤　例えば**お客様の何かしらの悩みに対して、薬機法で定められた表現の範囲内でちゃんと訴求できるものなのかといったことや、シズル感や価格帯など**です。弊社はオンラインで流行らせたものをオフラインで売ることを得意としているので、そもそもオンラインに市場があるのかといったポイントを押さえた上で、イノベーションの部分をどうプラスできるか、といったことを考えています。

木下　オンラインで流行らせたものをオフラインで売るというのは鉄板の流れなんですか？

伊藤　全てのブランドではないですが、基本的にはそう考えていますね。

木下　でもオンラインとオフラインで適正な価格帯って違いませんか？

伊藤　違いますね。ＣＰＯ（Cost Per Order／新規顧客１人に商品を注文してもらうために発生した費用）とかは絶対採算が合わないんですよ。

木下　オンラインだと厳しいですよね。

伊藤　はい。**１４００円のシャンプーで、しっかりと競合に勝てるくらいの広告費を投下した上で利益を10％以上出すのはオンラインでは不可能**だと思います。

木下　なるほどなるほど。ではオンラインでは利益が出なくてもいいから実績を出して、それを元にドラッグストアをはじめ、オフラインに出していくという流れですか？

伊藤　それもあるんですが、どちらかというと、**弊社のオンラインのプロモーションはバズるための投資をすることの方が多くて、結果的にそれがオンラインとオフラインの両方に跳ね返りがあるので、両方のチャネルで費用対効果を考えています。**

木下　テレビＣＭのように直接的ではないけれど間接的な効果を見ながらネット広告にも投下しているということですね。

伊藤　そうなんです。Meta とか Google の運用広告であらゆるＫＰＩ（目標達成への過程を測るための指標）を設定してオンラインで利益を出せるかというと、そこは難しいですね。

木下　投下したＷｅｂ広告の採算が合っているかの測定はどうしているんですか？

伊藤　見られるものと見られないものがあると考えていて、**大型・中型のインフルエンサーの方を起用する時はオンラインとオフラインのＰＯＳデータのリフト値を出して、ある程度の費用対効果を見るようにしています。ただ、全く反応がないものもあるので、そういうところは今後の**

プランニングでPDCA（Plan＝計画、Do＝実行、Check＝測定・評価、Action＝対策・改善のこと）を回していくという感じですね。

仕掛け方とマーケティング戦略

木下　YOLUはここまでのヒットを予測されていたんでしょうか？

伊藤　いえ、需要予測は出すんですが、それをはるかに上回っていて、正直ここまでとは思っていなかったです。

木下　どの段階で予想を上回りました？

伊藤　ローンチして3ヶ月目くらいですかね。SNS上でのバズがどんどん起きていくと同時に、小売店からも「めちゃくちゃ売れてるよ！」という声をたくさんもらうようになったんです。

木下　最初から色々仕掛けをされていたと思うんですが、そのバズが起きた要因は、有力な人が想定外で話題にしたのか、それとも最初から多くの人が話題にしていたのかでいうとどちらですか？

伊藤　どちらもですね。質的にも重要なインフルエンサーの方にしっかり商品の紹介をしていただいたというのもありますし、僕たちのPRではないところで有力なインフルエンサーの方が広告案件としてではなく話題にしてくれるといった想定外のことも徐々に起きていきました。

木下　YOLUはビジュアル的にもすごく目を引くデザインですし、匂いや使った時の使用感も良いなど、色々と売れた要素があると思うんですが、どれが一番最初に話題になりました？

伊藤　挙げるとすればやっぱり「夜間美容」というコンセプトが大きくて、ここをインフルエンサーの方がSNSに投稿してくれたんですよね。あとは**コンセプトに紐づいたパッケージデザインも要因だった**と思います。実際使ってもらってからは使用感などで良い評価をいただいて、レビューも良いことを書いてくれる人が多く、広がっていく後押しになりました。

木下　発売から3年経った今はどのような販売・マーケティング戦略をとっていらっしゃいますか？

伊藤　オンラインはAmazonや楽天などの主要なモールがメインで、オフラインに関してはドラッグストアやバラエティショップ、最近はスーパーにも一部販売していただいています。

木下　逆にこういうところでは売らないとかありますか？

伊藤　やっぱり自社サイトではあまりCVR（Conversion Rate／コンバージョン率。ここではサイトを訪れた人が実際に商品を購入したかどうかを示す割合のこと）が上がっていかないという問題があるので、オフラインで1万店舗以上販売している商品に関しては、自社ECにはあまり投資していません。

木下　ということは、BOTANISTもモールがメインですか？

伊藤　はい。自社サイトもやっていますけど、売上の比率でいうとモールの方が高いです。

木下　**自社サイトで売れるものとモールで売れるものって違うと思っていて、自社サイトで売れるのは「他にない商品」でモールやドラッグストアで売れるのは「他より良い商品」なんですよ**

ね。

伊藤　ああ～はいはいはい。そうかもしれません。

木下　我々は自社サイトメインで売っているのですが、シャンプーってそれこそ他にもある商品じゃないですか。**なのでドラッグストアやモールに来る人はシャンプーそのものを探していて、そのカテゴリーの中で他より優れているコンセプトがあると受け入れられるということなんですかね？**

伊藤　はい、まさしくそういうことだと思っています。

木下　そういうことか～。

伊藤　**カテゴリーで商品を探しに来られる方にしっかりとＳＥＯ対策**（Search Engine Optimization＝検索エンジン最適化。簡単に言うと、Googleなどの検索エンジンで、自社サイトや自社製品のＷｅｂページを上位表示させるための対策のこと）**をするというのもありますし、どこかでＹＯＬＵを知って買ってみたいと思ってくれた人がいたとして、その人たちがわざわざ自社サイトを訪れたり、たとえ来てくれたとしても、そこで自分の個人情報を入力したりするくらいだったら他で買うわとなるだろうし、自社サイトとモールで売れる商品にはそういう特徴もあるのかなと思います。**

木下　実は先日シャンプーを商品として作ったんですけど、原価がめちゃくちゃ高すぎて（笑）。

伊藤　良いシャンプーを作られたんですね（笑）。

木下　価格も３０００円くらいになってしまって。そのくらいの価値はある商品だなと思ってはいるんですが、やっぱり「シャンプーにそこまでは出せない」という声が多かったんですよ。結局、どんな機能を詰め込んでも「やっぱりシャンプーはシャンプーだよね」となってなかなか手が出せないと。でも御社は「シャンプーといえば1000円以下」という価格の壁をBOTANISTで乗り越えたわけじゃないですか（BOTANISTは2015年に1400円+税という価格で販売を開始し、たちまちヒット商品になった）。いけると思ったのにはどんな理由があったんですか？

伊藤　実はその当時の弊社にはマーケティングの機能とかはほとんどなくて、感覚で意思決定していたので、データに基づいていけると判断したわけではないんです。ただシャンプーを出すと決めてから様々な人にヒアリングしていく中で、サロンで3000円以上のシャンプーを買われる方にもたくさんお話を聞いたんですが、**「本当はシャンプーに3000円以上は高いんだけど、ドラッグストアにある1000円以下のシャンプーは安っぽくて良いものがない」という印象を持たれている方が結構いらっしゃった**んですね。そこから中価格帯のシャンプーにも勝機があるんじゃないかという仮説を立てて、ローンチしたという感じですね。

木下　でもバイヤーさんに嫌がられませんでしたか？

伊藤　嫌がられましたし、そもそもローンチした時は見向きもされず、店頭に並べてもらえませんでした。広告費もなかったのでどこで売ろうかと考えて、eコマースで頑張って認知を獲得していき、その2年後に改めてドラッグストアに商談に行って入れてもらえるようになりました。

I-neがシャンプーという領域に挑戦することになった理由

木下　御社は商品企画から調査をかけてヒットさせる確率がめちゃくちゃ高いとお聞きしていますが、そもそもなぜシャンプーをやろうということになったんでしょう？

伊藤　弊社の初めてのシャンプーであるＢＯＴＡＮＩＳＴが発売されたのが２０１５年なんですが、その当時、会社のミッションを「Chain of Happiness ＝商品を通じて世界中を幸せにする」に決めたんですね。そのミッションを達成するためには、もっと大きな市場で戦っていくべきという意思決定があり、そこから領域を検討してヘアケア、シャンプーをやろうということになりました。

木下　なるほど。事業の展開の仕方としては、ヒット商品であるＢＯＴＡＮＩＳＴブランドの横展開に加えて、ＹＯＬＵのように同じヘアケアの市場に新しいブランドも立ち上げていくということなんでしょうか？

伊藤　はい。ＢＯＴＡＮＩＳＴもシャンプーに始まり、ボディケアやスキンケア、アウトバス、今は展開していないのですが雑貨なども展開していた時期がありました。

木下　それはそれでうまくいったんですか？

伊藤　商品によって色々ですね。全然クロスセル（ある商品を購入する顧客に対して、関連性の高い別の商品を合わせて購入してもらう販売手法）が発生しないものもありましたし、一方でマーケティングコストを投下していないボディソープなどは、７〜８年くらい安定したシェアを獲得しています。

木下　ここは難しいところで、**ブランドとして定着すると、別カテゴリでうまくいったりもあるでしょうし、逆にヘアケアから遠すぎてしまうと全然うまくいかなかったりすることもあります**よね。

伊藤　まさにおっしゃる通りです。ブランドとして展開したい気持ちはあるんですが、とはいえBOTANIST＝ヘアケア、シャンプーという認知がかなり高いので、ここは本当に難しいところですね。

1-2

逆算からの参入と「Web×テレビCM」の広告戦略で拡大

野口卓也（のぐち・たくや）

株式会社バルクオム 代表取締役CEO

1989年、東京都生まれ。慶應義塾大学環境情報学部を中退し、ITベンチャーなど複数の企業を立ち上げ、2013年にメンズコスメブランド「BULK HOMME」をスタート。2017年、組織再編を経て株式会社バルクオムを設立、代表取締役CEOに就任。以降は海外にも販路を広げ、国内では自社ECサイトで販売するほか、取扱店は1万店舗を超える。

BULK HOMME

株式会社バルクオムは洗顔、スキンケア、シャンプーなどのメンズスキンケアのD2Cブランドである。創業者の野口卓也氏が「世界一を獲れる事業」を探していたところ、メンズスキンケアのグローバルトップブランドがないことに気づき、2013年に自ら「メンズスキンケアブランド世界シェアNo.1」というミッションを掲げて「BULK HOMME（以下「バルクオム」）」事業を創業した。

それまでは「男性はめんどくさがりだからオールインワンゲルで参入」といったメンズコスメ事業者は多かったが、「めんどくさがりの男性はオールインワンゲルでもめんどくさい。本当にスキンケアにこだわる男性にはしっかりと高品質なものを届けるべきである」と考え、「洗顔料、化粧水、乳液」の3点セットで参入。スキンケア意識の高い若い男性から圧倒的な支持を受け、2018年にはメンズスキンケア通販部門のハイクラスカテゴリーで売り上げとシェア日本一を達成。その後、木村拓哉氏を起用したテレビCMで一気にメンズコスメブランドの代名詞の地位を確立した。

ニーズはあるが「市場を牽引するブランドがいない領域」を狙う

木下　ブランドって事業戦略やマーケティング戦略から意図的に生み出されるものと、意図せずひょんなことがきっかけで誕生するものの2パターンあると思っているんですが、バルクオムはどちらですか?

野口　マーケティング戦略からのブランドですね。

木下　どういうビジネスだったらやっていけるかを考えてメンズコスメにいったと。

野口　僕はバルクオムが2社目の起業なんですが、1社目はWebの制作関連の企業をやっていました。2回目の起業は「世界で勝てるビジネスをやっていきたい」という想いが先にあって、そこから逆算して**「ニーズはあるが、まだ世界的に大成しているブランドがない」**という領域を探した末にたどり着いたのが「メンズコスメ（男性化粧品）」という分野だったんです。

木下　男性化粧品の競合にはマンダムさんとかもいるじゃないですか。その辺はどう捉えていたんですか?

野口　当時マンダムさんについては相当リサーチしていたんですが、マンダムさんの中で特に強い商品って男性のヘアワックスだったんですね。もちろん他の競合もいろいろとリサーチした結果、「男性化粧品においてまだ圧倒的な存在はない」と判断しました。

木下　そのマーケットに対してどのようなポジションを取ろうと考えたんですか?

野口　そこは結構若さゆえの経験不足もあって解像度が粗いんですが、当時の仮説だと、男性化

（左から）洗顔（洗う）・化粧水（潤す）・乳液（守る）。バルクオムでは
この3点をスキンケアの３ステップという

粧品はいわゆる百貨店に並ぶような高級なものとドラッグストアに並ぶ安価なものとに二極化していて、中間の価格帯のブランドがなかったのでそこを獲れればいけるんじゃないかと考えました。

木下　最初に登場したＩ－ｎｅの伊藤さんも、中価格帯のシャンプーのポジションを獲りにいったと話していましたね。

野口　ただ裏返せば「その中間には市場がない」と捉えることもできるので、最後は思い切って決めた、というのが正直なところですね。

地道な毎日の営業と「定期購入」施策の成功が転機に

木下　実際この領域に参入してみてどうでしたか？

野口　結果としては大正解だったんですが、創業後１～２年は苦しかったですね。狙った**「百貨店**

とドラッグストアの中間」のポジションが、卸先のバイヤーさんなどにとっては中途半端でわかりづらかったんです。

木下　最初はｅコマースとかより店頭中心だった？

野口　いえ、オフラインと同時にｅコマースもやっていました。思いつくことは全部やるという感じで。商品ができて自社サイトを作り、「男性化粧水」とか「メンズコスメ」で検索エンジンの上位表示を狙い、毎日コーディングしながら空いた時間は店舗やヘアサロンへ営業に行っていましたね。

木下　事業立ち上げとか商品を最初に市場に投入する時に一番苦労したこと、もしくは工夫したことってなんですか？

野口　ずっと苦労しているんですけど（笑）、なんとかシェアを伸ばすことができたのは、**「定期購入」への導入施策に特化させたこと**ですね。スキンケアって筋トレに似ていて、すぐに目に見える効果が出るわけではないんですよ。だから、テキストや画像を作り込んで、お客様としっかりコミュニケーションを取るようにして、「スキンケアは１日にしてならずです」と繰り返し伝えました。継続の重要性を感じてもらったことで少しずつＬＴＶ（Life Time Value＝顧客生涯価値。１人の顧客がリピート注文などを経て、生涯にわたって購入した額）が伸び、広告投資もできるようになり……と徐々に良いサイクルに入っていった感じです。

木下　剥き出しの市場があるというよりは、自分たちで啓蒙していった感じなんですね。

野口　最初の数年はそんな感じでしたね。

木下　何かの記事で野口さんが「**男性は基本的にはスキンケアをしないから、洗顔や基礎的なスキンケア機能が入ったオールインワンゲルなどの単品から参入する方が良いと普通は考えるんだけど、単品だとブランドとして認知されないからあえて最初から3商品を投入した**」と言っていたんですが、それは本当に考えてやったんですか？

野口　それは木下社長がすごく好意的に解釈してくれているんだと思うんですけど（笑）。

木下　あれ、そうなの？（笑）。

野口　洗顔・化粧水・乳液の組み合わせを、うちではスキンケアの3ステップというんですが、最初からこの3商品で売り出しているのは事実です。ただそれは製造元や研究者の方々とのコミュニケーションをとっていく中で、本当に良いスキンケアは「洗顔→化粧水→乳液の3ステップを踏むことである」と知ったという、割とピュアな想いの部分の方が大きいですね。結果として単品での認知ではなくブランドとして受け入れられ、ラインナップした商品が満遍なく売れることに繋がったとは思います。

木下　なんだ、その記事読んで野口さんすごく考えてるんだな〜と感動したのに（笑）。

野口　そうですって言えば良かったですね（笑）。

コピーもクリエイティブもインサイトが全て

木下　現在の販売チャネルについて教えてもらえますか？

野口　一般的な販売チャネルはほぼ全て使っています。元々は自社サイトの比率がすごく高かったんですが、自社サイトで好評になって知名度が上がっていくことに比例して、小売の店舗さんでも取り扱いが増えて、現在では1万店舗くらいに展開しています。

木下　ドラッグストアがメインですか？

野口　軒数でいうとドラッグストアがほとんどですね。あとは楽天やAmazonなどのモールにも展開しています。

木下　ホテルのアメニティとかにも入っていますよね？

野口　はい。でもあれはバルクオムの販売チャネルというよりは新規事業の扱いなんです。例えば容器の大きさとかも含めてホテルアメニティ専用に設計して製造しているんですよね。

木下　比率でいうとどこが一番大きいんですか？

野口　自社ＥＣです。ただ小売とモールを合わせると自社ＥＣと半々くらいのところまできています。

木下　木村拓哉さんをＣＭに起用されてから一気に伸びた感じはありますか？

野口　はい、あれは大成功だったと思います。**２０２０年に木村拓哉さんのテレビＣＭを全国ネットで放送させていただいてから、小売の取り扱い店舗数も検索数ものすごい増えました。**

木下　木村拓哉さんのＣＭ以前と以後で明確な違いってありますか？

野口　弊社は売上非公開の会社なんですけど、ざっくり倍くらいは変わっていますね。

木下　それはすごいですね。ギャラとか聞きたいところですけど（笑）。あと、商品を販売していく中でマーケティング戦略とかはどう考えていますか？

野口　出稿料でいうとWeb広告が一番大きいですね。たまに駅の看板や電車内などの交通広告も使っていますし、木村拓哉さんを起用した大規模なものではなくて、地方のテレビCMを打つこともあるんですが、全てに共通して重視しているのは**「インサイト（消費者を真に購買へと突き動かしている要因）をしっかり考える」**ということです。

木下　具体的にはどういうことですか？

野口　「男性がどうして肌を綺麗にしたいのか」の「どうして」の部分を徹底的に考えて、そこにしっかり訴えかけるようなクリエイティブやコピーを作っていくことが一番重要だと考えていて、社内に対しても代理店の方々に対しても「インサイトを徹底的に考えてほしい」と繰り返し伝えています。**インサイトを強く意識していないと「なんとなくオシャレなクリエイティブ」や「それなりにキレイにまとまったコピー」などを作ってしまう**んですよ。

木下　自分でコピーを書くこともある？

野口　めちゃくちゃ書いてますね。ただ僕自身はセールスライティングの方が得意なので、長文で読み込んで購買に結びつけるような全体の構成を作ることの方が多いですね。

木下　**広告のクリエイティブを作る時って本来は商品やユーザーを見て作っていかなければいけないのに、他の広告を見て作ってしまう人って多い**ですよね。

野口　ああ、いますね。

木下　そこがやっぱりインサイトが浅いってことに繋がりますよね。

野口　**他と似たものを作ってしまった時点で平均的な成果しか出ないですし、ちょっとズレているだけで全然刺さらない**ですよね。

Webとテレビ CMで戦略は変わる

木下　その中でもこれをやってめっちゃうまくいったという施策はありますか？

野口　やはり木村拓哉さんに出演していただいたテレビCMが一番ですかね。

木下　先ほどインサイトの話が出ましたけど、その辺はテレビCMをやるにあたってはどう意識されたんですか？

野口　ややWeb周りのマーケティング施策とは異なる考えで取り組みましたね。というのも、1から10まで自社で関われるWeb広告と違って、CMはプロのディレクターや構成作家が全体を設計しているので、そこにバルクオムとしてどうしても譲れないことを入れてもらうという考えで取り組みました。

木下　どうしても譲れないことってなんですか？

野口　僕たちの最大の目的は「男性化粧品の中で王道のブランドになる」ということで、男性化粧品選びで迷ったらまずはバルクオムを手に取る、というブランドにしたいんです。それを目標とした時にCMでまず狙わなければならないのは、とにかく「バルクオム」を覚えてもらうことです。なので、バルクオムというブランド名を発音正しく言ってもらうということを繰り返し伝えていました。

木下　逆に失敗した施策って何かありますか？

野口　10回中9回は失敗するんで逆に覚えていないんですけど（笑）、今一番苦労しているのは海外展開ですかね。創業時からグローバル志向はあって積極的に投資しているんですけど、想像以上に国によって求められることが異なるんですよね。気候もそうですし、美的感覚も国によって異なるので、一筋縄ではいかない。シンプルなブランドなら、そういった壁もスッとクリアできると思っていたんですが、意外とそうではなくて。このままいくのか、ローカライズすべきなのか。難しいところだと思っています。

木下　それはeコマースを展開しようとして売れていないのか、卸を通じて結果が出ていないのかでいうとどうですか？

野口　どちらもなんですが、商談自体はうまくいって店頭に並んでも反応が渋いんですよ。ただ中国だけは調子が上がってきていて、他にも数カ国勝負できそうな国も出てきてはいるので、まずはそういったエリアに特化して勝負していこうと思っています。

1-3

メディア事業で顧客獲得→狙いを定めた領域選定で成功

尾崎美紀（おざき・みき）

DINÉTTE株式会社 代表取締役CEO
大学在学時に芸能活動を行い、美容に触れる機会が増え、自身も興味を持ち始める。就職活動で大手企業から内定をもらうが、自分のやりたいことのために起業を選択し2017年3月に大学卒業とともにDINÉTTE株式会社を設立。美容メディア「DINÉTTE」とコスメブランド「PHOEBE BEAUTY UP（フィービービューティーアップ）」など複数ブランドを運営。2020年4月には「Forbes 30 under 30 Asia (Retail&Ecommerce部門)」に選出される。2代目バチェロレッテ。

PHOEBE BEAUTY UP

DINETTE（ディネット）株式会社はAmazonプライムビデオの人気恋愛リアリティ番組「バチェロレッテ・ジャパン」の2代目バチェロレッテ尾﨑美紀氏が創業した、美容のメディア運営とコスメブランド事業を展開している企業。ビューティブランド『PHOEBE BEAUTY UP（フィービービューティーアップ）』とフェムケアブランドの『LUMERE BEAUTY（ルメールビューティー）』という2つのブランドがあり、『アイラッシュセラム』というまつ毛美容液が看板商品である。

尾﨑氏はインフルエンサーでもあるが、インフルエンサーが自分の知名度を元に商品を作ったいわゆる「P2Cブランド」ではなく、綿密な事業計画に基づいて「SNSコミュニティでファンを作る」→「ファンを対象にブランドを作る」→「自らの知名度を上げてファンを拡大する」→「リアル流通、ネットモールなどの販路を広げる」→「さらにブランドを足していく」という一歩一歩堅実に地に足のついた事業展開をしている。

メディア事業でミニマムの売上を確保してからブランド立ち上げ

木下 尾﨑さんといえば「バチェロレッテ2」の方というイメージが強いかもしれませんが、今回はバリバリのD2C企業の経営者としてお話を聞かせてください。尾﨑さんはブランドを生み出す前から美容メディアの事業をやられていますが、なぜメディアをやろうと考えたんですか?

尾﨑 私は大学4年の時に起業しているんですが、本当は当時からブランドがやりたかったんです。だけど冷静に考えてただの大学生がいきなりブランドを作っても絶対売れないじゃないですか。だから商品を出した時に一定は買ってくれる人たちがいるコミュニティを先に作っておこうと考えてメディアから始めたんです。

木下 先に「ブランドを作ろう」という目的があって、準備が整ってから参入した感じですか?

尾﨑 そうですね。

木下 賢いですね(笑)。

尾﨑 その時はただ闇雲で、大学生なので融資も受けられないからお金もないし、まずは**安定して得られるミニマムの売り上げを作っておいて、法人としてお金を調達できたり、なんならエクイティ(株式による資金調達)もできるかもという状態にした上で商品を作った方が、良いものを限りなくこだわって作れる**と思ったんですよね。お金がない中で商品を作ろうとすると「これしか作れない」となってしまいそうだし、何より**一番最初に出す商品で顧客の心をつかめないと、その後に出すものを買ってもらえなくなるリスクも高い**と思ったので、ある程度キャッシュがあ

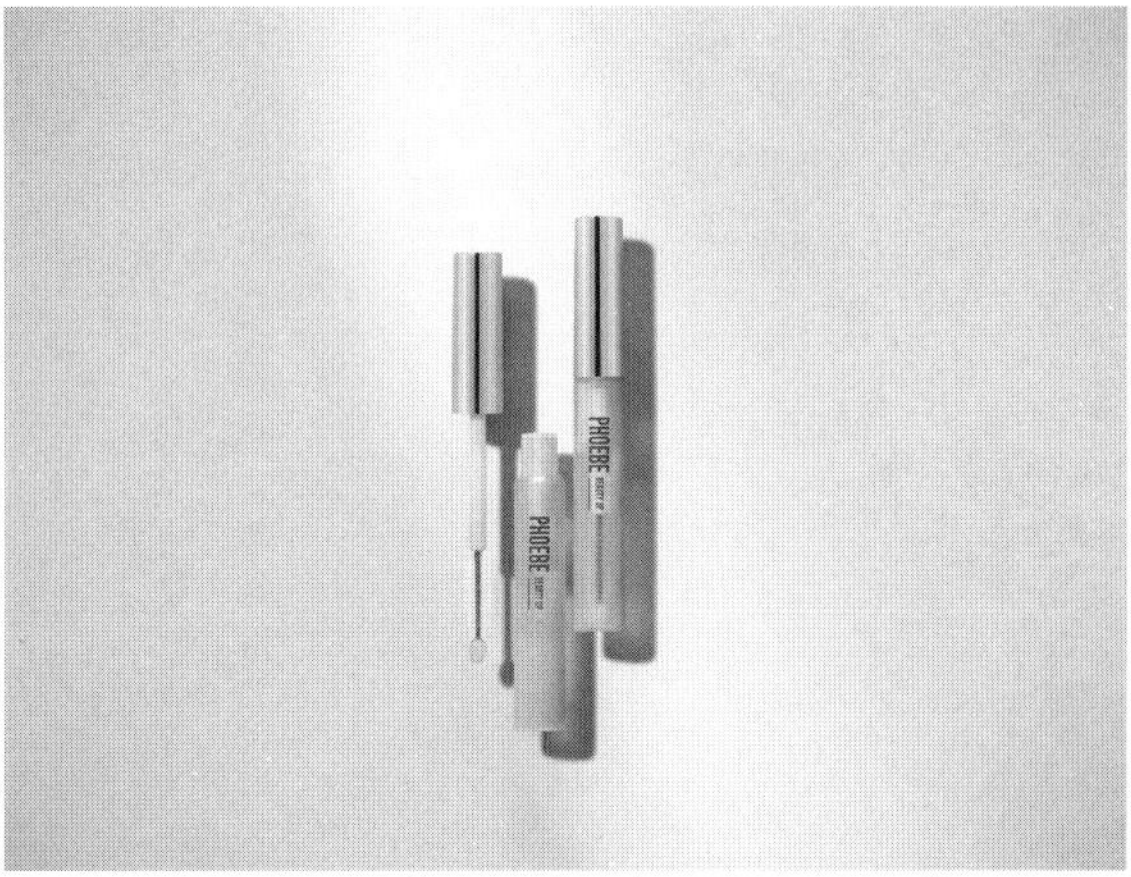

PHOEBE BEAUTY UP（フィービービューティーアップ）のヒット商品『アイラッシュセラム』

る状態でやりたいと思っていたんです。

木下　それを大学生の時に考えた？

尾﨑　はい。

木下　今まで登場いただいたゲストの中で一番頭がいいかもしれないですね（笑）。

尾﨑　そんなことないです（笑）。たまたま大学生の時にインターンしていた会社でものづくりの現場を見たんですよ。ＳＮＳマーケの仕組みとかも勉強させてもらって。そこで**商品自体に力がないとリピートもされないし、ブランドとしても好きになってもらえない**という現実を見ていたので、自分がブランドを作るとしたら1年目とかではないだろうなと思ったんですよね。

木下　ほ～……いや、すごい。いきなりすごい話をしていただきました（笑）。

ニッチマスでヒット商品を作ってからのブランド展開

木下　そこからブランドを展開されていくわけですが、どのようなタイミングでブランドを作ったのでしょうか？

尾崎　美容メディアを通じてお客様にアンケートを取り続けていて、お客様が美容についてどんなことに悩んでいるのかのインサイトが溜まってきたタイミングで初めて商品をローンチしたんですが、それが２０１９年です。

木下　今ではメディアよりプロダクトの方がメインですか？

尾崎　売上の比率でいうとブランドというかプロダクトがメインで、今はフィービービューティーアップとルメールビューティーという2つのブランドを展開しています。

木下　どんな商品を展開していますか？

尾崎　最初に作ったのがヒーロー商品（お客様に自信を持っておすすめできる商品のこと）でもある『アイラッシュセラム』というまつ毛美容液で、そこからの派生プロダクトなどラインナップをいくつか加えてきています。

木下　今も『アイラッシュセラム』の売上比率が高いんですか？

尾崎　はい。今後は次のヒーロー商品の開発や既存商品のクロスセル（顧客がすでに購入している商品やサービスに関連する商品やサービスを、追加で販売すること）やアップセル（顧客が購入しようとしている商品やサービスよりも、より高価なグレードや上位モデルの商品を提案すること）をどうやって上げていくかもそうですし、ブランドコンセプトに基づいた商品作りをどうしていくかが、目指す〝ブランド〟にするためにすごく重要なことかなと考えています。

木下　では今はまだ〝ブランド〟というよりは、「商品」という感じの位置付けですか？

尾崎　個人的には少しずつブランド化してきたなという感覚はあるんですけど、それこそ名前を聞いただけで様々な商品が想起されるような他のブランドと比べると、まだまだ1商品に頼りがちなので、商品開発の体制も含めて組織を変えていっている段階ですね。

木下　とはいえ、**ブランドでも結局のところ看板商品がほしくなってくるんですよね。なので無理矢理ブランド展開していくよりは、ヒット商品として伸ばせるだけ伸ばした方が良い**気もします。

尾崎　私のイメージもそれに近くて、**ニッチマスなところでヒーロー商品がいくつかあって、その結果トータルでブランドになってきたよね、とできれば良いなと思っています。**例えばスキンケアでいうと化粧水のような王道の市場でヒーロー商品を作ることはハードルが高いので、それこそまつ毛美容液のようなニッチなところから入っていって、ヒーロー商品ができて、その結果ブランドとして底上げされていくようにしたいですね。

参入直後から数％のシェアが取れるニッチな市場を狙う

木下　具体的にどんな人がブランドのターゲットですか？

尾崎　ブランドコンセプトが「be me」、つまり「自分らしく」とか「自分」にフォーカスしたブランドになっていて、まずは「自分の素の状態を自分が好きになる」、その自分にさらに上乗せしていけるものを商品として出していくということを決めています。「ベースの部分を整える」ということでいうと、まつ毛美容液の『アイラッシュセラム』やスキンケアから始まり、ベースメイク、メイク、メイクアップという流れで展開してきたので、ターゲットとなるペルソナ（ユーザー像）は全ての女性。ただその中でも悩みは人それぞれなので、様々な悩みを解決できるようなラインナップ構成を意識しています。

木下　なるほど。最初にまつ毛美容液を作ったのにはどんな理由があるんですか？

尾崎　運営するメディアで顧客にアンケートを取り続けているんですが、『アイラッシュセラム』はそこで得たインサイトから生み出された商品なんです。アンケートを取るまで、私自身女性にとってメイクや美容に関する悩みで最も多いものってニキビをはじめとした肌に関するものだと思っていたんですよ。でも私が思っていた以上に、目に関する悩みが多かったんです。

木下　目ですか。

尾崎　そのアンケート結果は２０１８年当時のものですが、「すっぴんの状態で目を大きく見せたい」とか「目力をつけたい。存在感のある目になりたい」といった悩みが多くて。そういった悩みの解決策としてどのようなプロダクトがあるか調べてみると、アイプチとかマスカラとか色々あったんですけど、**私たちはベンチャーなので、参入直後から数%のシェアが取れるニッチな市場を狙いたいと考えました。**それでまつ毛美容液を調べてみると、当時50億円だったんですよ。

木下 マーケットが？

尾﨑 はい。まつ毛美容液の商品自体をＳＮＳでもあまり見ないし、アフィリエイトの案件でも見たことがないし、実店舗に行ってまつ毛美容液のコーナーを見てもあんまりない。だから参入しやすいだろうと思ったんです。

木下 競合がない＝市場がないかもしれないわけじゃないですか。そこはどう判断したんですか？

尾﨑 **当時まつ毛美容液市場は50億円だったんですが、50億円の数%でもシェアを獲れれば数億円にはなるので、まずはそこでヒーロー商品を作って、まつ毛美容液のブランドとしての認知を獲得してから、その認知度を元に色々な商品を出していこうと考えました。**

木下 なんか今までの男性のゲストに比べて一番ロジカルですね。

尾﨑 そんなことないです（笑）。

木下 もっとみんな気合い先行でやってましたよ（笑）。

尾﨑 でも結構気合いです。その時、銀行から３０００万円の融資が下りたんですよ。それを含めて持っていたキャッシュを全部まつ毛美容液に投資したので、それが滑ったらもう終わりみたいな状態で。だけどこれならいける！って最後は勘で突っ込んでいった感じです。

木下 その時にあった競合の商品の中にはそんなに強いものはなかったんですか？

尾﨑 二極化していて、１つは１万円くらいする海外の高単価商品で、かつ成分も強いため人によっては色素沈着する可能性のあるもの、もう1つが2000〜3000円くらいのマス向けの商品で、ただ成分とかを見ると「ん?」みたいな(笑)。

木下 本当に効果あるのかみたいな。

尾崎 そうです。4000〜5000円くらいで色素沈着もしない成分で、かつちゃんとお客様が効果を実感していただけるような商品があんまりなかったのと、当時SNSでインスタ映えが流行っていたんですが、そこで取り上げられるまつ毛美容液がなかったんですよ。

木下 なるほど。

尾崎 なので、全部ミックスすればいけると思ってミックスしました。

木下 その高単価のマーケットと低単価のマーケットがあって、中間のマーケットを開拓していくにあたって、低単価のマーケットから顧客を引っ張ってくるのか、それとも高単価のマーケットから連れてくるのかでいうとどっちですか?

尾崎 それでいうと、**完全に新規を取りに行くイメージでした。その50億円の数%のシェアを取るって言いましたけど、市場自体も成長していくと考えていたので、まつ毛美容液を使ったことがない人、もしくは両極端だから買うのをやめていた完全に新規の人を主に狙いたいと思って、まずはSNSにいる人たちを中心に広げていきました。**

木下 SNSでそういう人たちを啓蒙していったという感じ?

尾崎 そうですね。自分たちの持っているDINÉTTEというメディアと、DINÉTTEガールズというユニットがあったので、その辺を全部駆使していかにお金をかけずにリーチできるかという感じで初期は頑張って拡散しました。

木下　いきなり結構売れたんですか？

尾﨑　それがいきなり予想を超えるくらい売れたんですよ。ありがたいことに選んだプロダクトもタイミングも運もすごくよくて、初年度から伸びてこられましたね。ただ、先ほども言ったように目指すブランド像からはまだまだですし、次のヒーロー商品を作ることもそうですし、そこに向けて組織作りも含めて頑張っているのが今、という感じですね。

商品開発の苦労

木下　実際に商品を作る時にはどんな苦労がありますか？

尾﨑　「納得のいく良い商品」を作るために私の要望を限りなく詰め込むと、原価がめちゃくちゃ高くなってしまったり、でもブランドとしては妥協できないといった部分のせめぎ合いや、中身に関しても今ある成分だと思うようなものを作れないとか……本当に納得のいく良い商品を作るという点は、ずっと苦労しています。

木下　容器って結構苦労しません？

尾﨑　しますします。容器は海外のものが多いんですが、納期がズレてローンチに間に合わないとか、日本のものだけだとバリエーションがなくて新規性が出せないとか難しいですね。

木下　とはいえ、メディアやＳＮＳをやっているとすでに固定の顧客がいるので、売れ行き自体は大体読めるんじゃないですか？

尾崎　大体は読めるんですけど、めちゃくちゃ外したこともあって。今はもうないんですけど、まつ毛美容液の次にフェイスマスクを作ったんです。アンケートでニキビとか毛穴とかクマとかくすみとか、スキンケアの悩みが多いことはわかっていたので、それら全部を解決できるフェイスマスクを作ったらいけるだろうと。市場とかろくに調べずに4枚入り５０００円という謎に強気の価格で出したら見事に売れなくて。20円セールとかもやったんですが、全然売れなかった（笑）。

木下　20円セール⁉

尾崎　死ぬほど安くしたらいけるのかと思って（笑）。でも逆に安心感がなかったのかダメでした。

木下　20円のものを顔に載せるのはちょっと……ってなりますね（笑）。

尾崎　すごく当たり前のことなんですけど、お客様の声を鵜呑みにして、そのまま商品開発するのは良くないなと反省しました。そこからアンケートをベースにした顧客インタビューを強化するようになりましたし、市場の分析ができる組織体制もここ1年くらいで整ってきました。

販売チャネルごとの仕掛け方
〜TikTokでバズると全てのチャネルで跳ねる〜

木下　御社の2つのブランドはどんなチャネルで売っているんですか？

尾﨑　まずフィービービューティーアップの売上は6〜7割がオンラインで、内訳は自社ECとモールです。モールはAmazon、楽天が中心で、残りが有楽町丸井の直営店1店舗とバラエティショップとドラッグストアのリテール（小売）ですね。ルメールビューティーはAmazonや楽天を中心に完全にモールでの販売です。

木下　自社サイト、モール、リテールでそれぞれどんな仕掛けをやっていますか？

尾﨑　基本的に自社ECはアフィリエイト（成果報酬型広告）ですね。SNS発のブランドなので、インフルエンサーアフィリエイトとの親和性が高いです。モールやリテールは、どれだけ面を取れるかにかかっていると考えていて、リテールであれば、什器のABテストをしてみたり、アテンションシールを貼ってどれだけ売上に変化が出るかを調べてみたりとか、細かい施策をしています。あとは営業活動ですね。上位店の良い場所を取れるように営業活動を欠かさないようにしています。モールは特に楽天に力を入れていて、タイムセールをやってランキングを取りにいったり、キャンペーン施策を打ったり、今後はインフルエンサーとのタイアップもやりたいなと。

木下　王道は全部やっている感じですね。

尾﨑　王道は全てやっておくべきだと思うんですけど、やり切ってPDCAをたくさん回せているかというとまだまだなので、やらなきゃいけないことはしっかりやる、その上で効果検証の数を増やして改善していくスピードをアップさせていかないとって感じですね。

木下 インフルエンサーのアフィリエイトってTikTokとかインスタですか？

尾﨑 そうですそうです。

木下 これまでにやった仕掛けでめっちゃうまくいったものって何かあります？

尾﨑 一番うまくいったのはTikTokの広告です。あるクリエイターさんにおまかせでやってもらったんですが、**TikTokでバズるとリテールもモールも自社ECも、どのチャネルの売上も伸びる**んですよ。でもTikTokのバズって再現性がないので、何本かやって1本当たればという感じです。

木下 逆に失敗した仕掛けってありますか？

尾﨑 それこそ先ほどのフェイスマスクですね（笑）。

木下 でも逆になんで売れなかったと分析しているんですか？

尾﨑 フェイスマスクにしては4枚入り5000円は高すぎたというのもありますし、まつ毛美容液のブランドが出すフェイスマスクがなぜ良いのかをちゃんと伝えられていなかったこともあるかなと思っています。あとは1つ目のまつ毛美容液がインフルエンサーの方がSNSに上げてくれて売れたというのもあって、同じ方法でインフルエンサーが取り上げてくれたら売れるだろうみたいな読みの甘さもありました。フェイスマスクってそもそも新規でお客さんを獲得しづらいじゃないですか。

木下　いや、知らないですけど（笑）。

尾崎　フェイスマスクって30枚入りで1ヶ月分だったり、少し高くても成分こだわってますとかだったらいけるのかもしれないんですが、継続されづらい商材という中で4枚入りで5000円……いろいろと間違えました。

木下　でも今出したら売れるかもしれないですよ。

尾崎　たしかにそれは少し思っていて、実際にほしいという声もいただくので、次出すとしたらどういうものにするかっていうのは考えています。

第2章

インフルエンサー発でヒットした商品

インフルエンサーの知名度や影響力を活かして作られる商品や事業は「P2C（Person to Consumer）」と呼ばれる。P2Cビジネスは、商品が完成する前から購入を見込める顧客層が存在するため、発売と同時に大ヒットを狙えるという特長を持つ。この仕組みにより、事業開始直後から大きな注目を集め、急速に売上を伸ばせる可能性が高い。

しかし、その半面、P2Cで生まれる商品やサービスの多くは、インフルエンサーのファン層に限定された「ファングッズ」の域を出ないことが多い。その結果、一般の消費者には届かず、顧客層が広がらないまま事業が短期間で収縮してしまうケースが目立つ。この点が、P2Cビジネスにおける大きな課題であり、長期的な成長を阻む要因となっている。

そのため、P2Cの最大の利点である「発売直後の事業の立ち上がりが早い」というメリットを活かしつつ、いかにしてファン層以外の一般消費者に商品を広め、「普通のD2Cブランド」へと進化させられるかが、長期的な事業の成否を左右する重要なポイントとなる。この過程では、商品そのものの価値やマーケティング戦略、ブランドの世界観を一般消費者に受け入れられる形で再構築する必要がある。

多くのP2Cブランドが短命に終わる中、ファン層にとどまらず一般の消費者にも支持され、D2Cブランドとして定着することに成功した企業も存在する。今回は、P2Cの成功を起点にしながら、確実にD2Cブランドへと進化させた3社のトップマーケッターたちに話を聞き、その具体的な戦略や取り組みについて探ってみた。

2-1

後発ブランドにもかかわらず、プロテイン市場に割って入ったVALX

只石昌幸（ただいし・まさゆき）

株式会社レバレッジ 代表取締役社長

1975年群馬県生まれ。法政大学卒業後、株式会社キーエンスへ入社しマーケティング戦略を学ぶ。退職後、2006年にレバレッジを起業。2016年よりフィットネス領域でメディア運営を開始し、2019年にフィットネスブランド『VALX』を立ち上げると、10ヶ月で月商1億円を達成。手掛けるビジネスは全てで『日本一』か『誰もやらないことしかやらない』と決めている。チャンネル登録72万人超を誇るYouTubeを中心に、広告に頼らないマーケティング戦略で2021年に売上が前年比362%を達成し、EO成長率アワードを受賞。趣味の空手では、新極真会塚本道場に所属。黒帯取得、シニア部門世界ベスト8位。

VALX

競合が強く一筋縄では成功が望めない市場のことを「レッドオーシャン」と言うが、大手を含めて数多くの企業が商品を送り出すプロテイン市場はまさにレッドオーシャンである。一般的な戦略では、後発の参入であれば「レッドオーシャン」を避け、比較的成功確率の高い「ブルーオーシャン」に参入することが成功の秘訣だと言われる。

しかし、レバレッジ代表・只石昌幸氏が２０１９年に立ち上げたフィットネスブランド『ＶＡＬＸ（バルクス）』は、後発の参入にもかかわらず、短期間の間にプロテイン市場における３～４位のシェアを獲得することに成功した。

ＶＡＬＸの立ち上げ時には、筋トレ界のスーパースターである山本義徳《やまもとよしのり》氏を前面に押し出したＰ２Ｃブランドとして注目を集めた。その知名度を活かしつつも、ブランドは単なるファン向けの商品にとどまらず、独立したＤ２Ｃブランドへと進化を遂げた。現在も山本義徳氏の監修を受けながら、一般の消費者にも幅広く認知され、大人気のフィットネスブランドとして確固たる地位を築いている。

ＶＡＬＸが成功を収めた背景には、プロテイン市場という典型的なレッドオーシャンにおいて、後発ブランドならではの戦略や独自のマーケティング手法が存在する。その具体的な戦略や、ブランド誕生の経緯について掘り下げながら、競争の激しい市場での勝ち方を紹介していきたい。

木下　初めてお会いしたのは2〜3年前のオンラインミーティングでしたかね。

只石　いやいやいやいや（笑）。２０２０年の3月20日に初めて、僕が何の面識もない木下社長にTwitter（X）のＤＭで会ってほしいと連絡したのがきっかけです。

木下　そうなるともう4年前ですか。

只石　『ＶＡＬＸ』は２０１９年の10月5日に始まったブランドなんですが、創業から半年後に広告とかもやっぱりやった方がいいんじゃないか、でも何もわからないと困っていたんです。その時、やっぱり通販だったら北の達人の木下社長しかいないとダメ元で連絡したら、めちゃくちゃ丁寧なお返事をいただいて。その上すぐにオンラインでセミナーをやっていただいたじゃないですか。

木下　セミナーというかミーティングですね。

只石　いやいや、セミナーレベルでしたよ。翌日に控えていた有料のセミナーの内容をそのままＶＡＬＸのメンバーのためだけにやっていただいたんですよ。あれがなければ今のＶＡＬＸはないですから。

木下　僕がちょうどTwitter（X）をやり始めたくらいのタイミングで、ＤＭをいただく前から只石社長のことを知って面白い人だな〜と思って見ていたんです。当時はコロナ禍だったのでオンラインでミーティングしましたね。

只石　もう僕はその時に本当に与える方ってこういう人なんだなって。しかも上場している会社の社長が何の面識もない、まだブランド創設半年の僕に丁寧なメールを返信してくれるってもう神様かと思いましたよ。

木下　言い過ぎです（笑）。

只石　でもこれは本当に思うのですが、北の達人さんの商品は木下社長の愛があるから売れるんだなと。皆さん北の達人はマーケティングがすごいって言いますし、実際にすごいんですが、根底に愛がないと商品って売れないですから。だから僕たちも木下社長の愛を真似したいと思ってここまでずっとやってきました。

木下　いや～ありがとうございます。ものすごいこそばゆいですね（笑）。最初のミーティングですごく覚えているのが、最初だから僕がバーっと色々情報をお渡ししてから、御社は逆にどんなやり方をしているんですか？って聞いたんですが、その只石さんの答えを聞いて最後に僕が言ったのは、「それをやるんだったら、今僕が話したことは全部忘れてください」だったんですよね。私のやり方とは全然違いますが、御社は御社独自のやり方を確立していて一定以上の成果を出していたので、下手にやり方を混ぜない方がいいんではないかと思ったんです。

只石　おっしゃってましたよね（笑）。ただ、僕らはＳＮＳ、YouTubeを活用して通販、特にAmazonをハックするっていうのをたぶん日本で初めてやったようなブランドだったんで、初めはそれでもうまくいったんですけど、そのやり方だけだとやはり限界が来る。通販の「てにをは」である広告は絶対大事だなと思って、木下社長とお話させていただいたあの日から広告をちゃんと取り入れるようになりました。

商品開発の前にYouTubeに注力

木下　最初は筋トレ界のスーパースターである山本義徳さんのYouTubeチャンネルを立ち上げてからＶＡＬＸというブランドの商品を発売して、ＳＮＳで売っていったと聞いております。事業戦略があってそのような流れにしたのか、それとも、山本さんのYouTubeをやりながらプロテインを出そうという流れになったんでしょうか？

只石　今だと「戦略を描いてました」って美しく言えてしまうんですが、お恥ずかしい話、ノリの部分が大きかったです。**元々僕たちはプロテインを出す前から、パーソナルトレーナーのマッチングメディアを運営していたんですが、その過程でそこに登録しているトレーナーの人たちと一緒に何か商品を売れば勝機があるんじゃないか**という話が出たんです。そこでトレーナーといえば「プロテイン」だよね、と。でもプロテインはすでに大手をはじめ競合がめちゃくちゃ強く、レッドオーシャンだよね。ここで戦うにはどうしたらいい……？そうだ、有名人に監修してもらおう！となって、筋トレ界のスーパースター山本義徳さんに「僕らと一緒にやりましょう！」と伝えにいったんです。最初は普通に断られてしまって、4度目の正直で引き受けていただけることになりました。

でもレッドオーシャンで普通にやっても後発なので売れない。そこで山本先生のYouTubeチャンネルを立ち上げて、そこで一つひとつの商品を丁寧に伝えていけば売れるんじゃない？とノリで始めたYouTubeから半年後にブランドが生まれた、というのが流れで、本当にノリです。

ボディビルダー山本義徳氏が監修するVALXのプロテイン

木下　いや、でもそれはノリというよりかは、最初にプロテインの事業をやるという戦略があって、そこの地ならしをやっていたという感じじゃないですか？

只石　そうですね。ただ、僕らは通販をやった経験がなかったのが功を奏して、後発ブランドとして普通じゃ絶対に勝てないと考えてしまうような市場でも突き進めたというのがあると思います。ですから、参入する前から「そこで勝つには他がやっていないやり方をする必要がある」と考え、レッドオーシャンのプロテイン市場で勝つために、道具であるＳＮＳ・YouTubeというものをミックスすることによって、新たな市場が見つかった……というイメージですね。

最初のプロテインはあえて「めちゃくちゃ不味く」した!?

木下　少し時間を巻き戻すのですが、何か事業を開始しようと思った時に狙っている領域がレッドオーシャンだとわかった場合、他のブルーオーシャンを探すという選択肢もあると思うんですが、そうはならなかったんですか？

只石　それでいうと、実はＶＡＬＸの最初の商品はプロテインではなく、ＥＡＡというアミノ酸のサプリメントだったんです。YouTube で頑張ってプロモーションして、ＥＡＡという市場を作っていきました。**「ＥＡＡを作っている会社が満を持してプロテインを作りました！　あまりにもこだわり過ぎてタンパク質含有量が96・4％になってしまい、味をつけるのを忘れてしまいました……」と言ってめちゃくちゃ不味いプロテインを出した**んです。それがバズりました。山本さんをはじめ、マッチョの人たちがこの不味いプロテインを水で溶いてそのまま飲むという動画をＳＮＳに上げてくれて Twitter（Ｘ）ですごく広まっていったんです。

木下　それ全然知らなかった。そうだったんですね。ＶＡＬＸのプロテインは美味しいというイメージでした。

只石　ノンフレーバーから始まったんです。僕自身、初めて飲んだ時は不味すぎて吐きましたからね（笑）。正直、「これ売れるの⁉」って思いましたけど、マッチョの人たちが面白がってくれたんです。「この不味いプロテインこそ僕らのものだ。この不味いプロテインを我慢して飲めることがマッチョの証明である。山本義徳に続け！」という感じで。

木下　それはある程度バズるだろうとは思っていたんですか？

只石　96・4％という超高タンパク質含有量のプロテインはなかったので、出せば話題にはなるだろうと思っていましたが、どのように話題にするか？をすごく考えました。そこで出てきたのが「ん〜不味い！」という台詞で有名な「青汁」で、あの手法をマネさせてもらったんです。

木下　ブランドとして最初にＥＡＡを作ってそのあとにプロテインという全体の流れは、戦略を立てていたんですか？

只石　戦略っていうとカッコいいんですが、ＥＡＡでヒット商品を作って、そのＥＡＡを作った会社が満を持して作ったプロテインがタンパク質含有量96・4％ってヤバいよね、そのヤバいプロテインのブランドが「やっと美味しいプロテインができました。おひとついかがですか」というのは、始めから描いていたわけじゃなくて、「次はどうしようか」「何をやったら面白がってもらえるか」「喜んでもらえるか」を考えて実行を繰り返した結果が戦略に見えているだけだと思うんですよね。

木下　なるほど。ＥＡＡの売り出し初期で覚えているのが、タレントの指原莉乃《さしはらりの》さんがツイートしてくれてましたよね。

只石　そうなんですよ。僕らお金を渡してＰＲに協力してくださいとかもしたことがなくて、指原さんはブランド誕生の時から自然とファンでいてくださって。２０２３年の元旦には「ＶＡＬＸのロイヤルミルクティ味が美味しい」というツイートをしてくれて自社のサーバーが落ちたんですよね。

木下　へーすごい。それも依頼とかではなく？

只石　そうなんですよ。しかも正月の指原さんの一発目の投稿がこれだったんで、インパクトもすごくて。ただ正月だったので僕らもすぐに対応できなくてサーバーも落ちちゃったんですけど……。

木下　もちろん頑張っていらっしゃるからですけど、運気も強いですね。

只石　いや、本当にありがたいですよね。ただ、全ての根底にあるのは「ファンをいかに喜ばせようか」とか、木下社長からいただいた「人への愛」を常に根底に持つブランドでありたいということは、ブランド誕生の時から変わらずに思っています。

木下　いや、僕はもう少し策略家なんであれですけど（笑）。

只石　そうですよね（笑）。Twitter（X）の投稿ひとつとっても、木下社長はご自身でマーケティングを考えていらっしゃるじゃないですか。

木下　まあ、策略家なんでね。

只石　僕はとにかく「こうしたい」しか言えないんですよ。どうやるかがわからないので。みんなで一緒に考えようというブランドなんで、それが集合知となって面白いアイデアが出てきているのかなというのもあります。平均年齢26歳の若いメンバーがやっているブランドなんで。

「シャワー効果」で拡散

木下　発売当初はそれこそ山本義徳さんのファンやジムのトレーナーのお客さんなど、実際に筋トレをしているような層がターゲットだったと思うんですが、現在はターゲット層に変化はありますか？

只石　今はおかげさまでダイエットのためにプロテインを飲むという女性やタンパク質が足りないと歩けなくなるよねといった理由で飲んでくださる高齢者の方など、筋トレする人以外にも広がっています。

木下　筋トレする人やダイエットする人、そして高齢の方ってそれぞれで興味や価値を感じる部分が違いますよね。そのあたりって分けて訴求していっているんですか？　それとも分けずに一本でやっていて、それが勝手に広がっているという感じですか？

只石　今は分けずに一本でやっています。これは勝手に「シャワー効果」と名付けているんですが、**山本義徳先生が頂点にいて、その下に先生を崇拝するパーソナルトレーナーの方々がいて、このパーソナルトレーナーの方々には様々なお客様たちがいて、その方々に広がっていっています。**

木下　それでいうと、今は山本先生のブランドとして認知されている割合が大きいということですね。

只石　そうだと思います。これには良い面とこれからの課題があって、ここまでブランドが成長

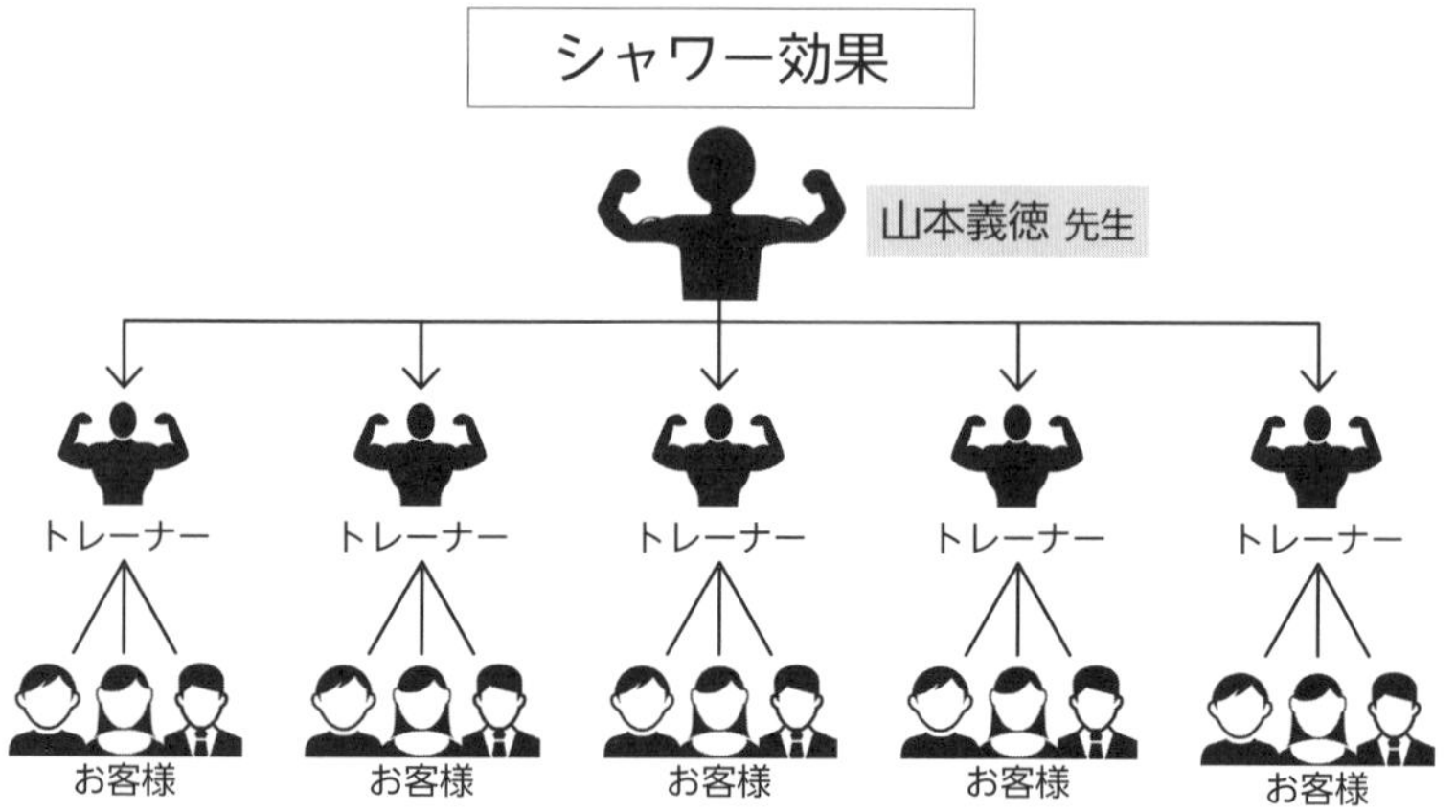

頂点に山本義徳、その下に各トレーナーたちがいる。
そのトレーナーたちのお客様に商品が支持される

したのは山本先生のおかげですが、一方で山本先生頼みのブランドで居続ける限りはこれ以上の成長はないと思うので、ここをどうクリアしていくかは課題として考えている最中です。

木下　とはいえ、いわゆるP2C（Person to Consumer／影響力のある個人が消費者に向けて販売するビジネスモデル）といわれる状態でもないですよね？

只石　僕の中でP2Cは、その人のファンだけが買うような事業モデルだと考えているので、山本先生をPとしたとしても、山本先生のファンに加えて、それぞれのパーソナルトレーナーのお客様たちを中心に支持されるブランドになっているので、完全なP2Cとはいえないと考えています。

販売チャネルと集客方法

木下　販売のチャネルはどのような売上比率になっていますか？

只石　Amazonが一番多く、次いで自社サイト、楽天、Yahoo!の順です。最近はありがたいことに卸で介護施設からの発注も増えていて、プロテインドリンクといった商品も出しているんですが、そういった商品が高齢者の方々から求められていることを実感しています。

木下　その中で一番利益率が高いのはどれですか？

只石　一番は自社サイトです。

木下　自社サイトへの集客だと広告費がかかりませんか？

只石　広告費はほとんどかけていなくて、やはりYouTubeやTwitter（X）、インスタグラムなどSNSからの集客がベースですね。

木下　売上の比率ではAmazonが一番ということですが、競争は激しいんじゃないですか？

只石　激しいですね。以前はYouTubeからAmazonに流入させるプロテインブランドは我々しかなくて常にAmazonランキング1位、VALXのことを知らない人でもランキング1位だと興味を持って購入してくれるという最高の環境だったんですが、今は熾烈な競争環境になってしまいました。

木下　今VALXを知るのって、Amazonなどのモールで知る人が多いのか、それともYouTubeをはじめとしたSNSで知る人が多いのかでいったらどちらですか？

只石　それでいうと間違いなくYouTubeです。
木下　それはマッチョじゃない人でも？
只石　はい。ありがたいことに山本先生のYouTubeが大好きな旦那様がＶＡＬＸを買ってくれ、家に置いておいたら奥様が飲み始めたとか、マッチョ問わず筋トレをしている女性の視聴者も増えています。
木下　なんとなく小洒落た人がＶＡＬＸを買っているイメージがあるんですが、そういう人たちが筋トレのYouTubeを見ている印象がないんですよね。そんなことはないですか？
只石　おっしゃる通り、先ほど指原さんの話をしましたがどこで知ってくれたのかわからないんです。ただ、実は芸能関連でいうと、大御所の超有名ミュージシャンが山本先生のYouTube視聴者だったんですよね。その超有名ミュージシャンの方は自宅に色々な人を呼んで合同トレーニングを行うそうなんですが、そのトレーニングの後はみんなで山本先生のYouTubeを見るのが決まりみたいで、そういうところから広まったのかもしれません。
木下　それはすごいですね（笑）。

「マッチョのゴミ拾い」に「亡き父への手紙」、高頻度でバズを生む〝レバレッジ流企画術〟

木下　ＳＮＳが主な集客の手段になっているということですが、御社は色々な仕掛けをするじゃ

只石社長が父の日に高崎駅に出した広告（本人のX投稿より）

ないですか。

只石　あれって仕掛けなんですかね（笑）。マッチョのゴミ拾いとかですよね。

木下　そうそう。マッチョたちが集まってVALXのロゴが入ったTシャツを着て、海岸のゴミ拾いをやるとか。あと直接は関係ないですけど、高崎駅に出した広告とか。

只石　父の日に僕の故郷の高崎駅に「亡くなった父への手紙」と題した広告を出したんですよね。ローカル線で広告費は1ヶ月1万6000円なんですよ。「天国の親父、見ててくれよな！」という手紙の中にVALXのことを少し書いたんですが、めちゃくちゃバズりました。何局ものテレビ局から取材がきて。つい先日、2023年に何回テレビに出たかをカウントしたらもう20回近く出ていたんですよ。

木下　すごいですね。そういう企画ってどうやったら思いつくんですか？

只石　僕じゃないんですよ。新卒の子たちが考えてくれているんです。大人が「マッチョがゴミ拾ったら面白いかも」なんて考えます？（笑）。思いつかないですよ。でもあれはテレビで見るとわかるんですけど、見た目で伝わりやすいし、マッチョな人が世の中を救うという構図はテレビ映えしやすいんですよね。かつ混んでいるところでやるのがポイントで、例えば花火大会の後や花見の後とかにマッチョがゴミを拾いに行けば、きっとテレビ局も使いやすいというのを新卒の子たちが考えてくれるんです。

木下　それはテレビ局に取材されるような何かをやろうというのが前提としてあるんですか？

只石　はい、そうです。

・毎月何かしらの企画を必ず実行する

・毎月プレスリリースを7本出す

・自分たちを卑下《ひげ》するようなこと、誰かを傷つけるようなことはやらない

ということだけ決めていて、ゴールは「テレビに取り上げられること」ですが、それをKPIにはせず、企画からどれだけ売り上げに繫がったかといったいわゆる効果測定もしないようにしています。これらをやってしまうと、どうしても自社や自社のプロダクトに寄せた発想になってしまって、途端に売り込み感が出てしまうんです。そうではなくて、テレビであれば「視聴率が上がるような企画でお手伝いしましょう」というスタンスでやっています。

木下　なるほど、テレビ局に取り上げてもらうことを念頭に広報企画を考えて実行するという発想はなかったので目から鱗です。

只石　結局、テレビ局もネタを探しているんですよ。そのテレビ局が欲しいのは視聴率です。この視聴率はどうやったら上がるのか？と考えて行き着くのは、時事ネタと面白さが重なる企画だと思います。例えば「隅田川の花火大会がコロナ禍で中止されて以来4年ぶりに行われる」という時事ネタがあれば、当然「どれだけ人が来るんだろう」と誰もが思いますよね。もう少し考えると「翌日にはゴミが散乱している光景」が浮かび、ここに「ゴミを拾うマッチョの人たちは絵になるな、テレビも放っておかないだろう」……ということを、新卒の子たちが考えているんです。

木下　その子たちすごいですね。

只石　僕もよくそんなネタを思いつくなと毎回驚いています。**ただ0《ゼロ》から考えるのは難しいので、例えば3月なら「ひな祭り」、9月なら「敬老の日」といったイベントごと、また「最近話題のニュース」など、何かしらのお題を僕なりチームのリーダーなりが投げて、広報のメンバーがそこから何かを考える**という仕組みにしています。こちらから石を投げて、彼らのアイデアの泉に波紋を起こし、そこから案が生まれてくるというイメージです。高崎駅のポスターも、他の会社がやっていたものを父の日という企画の中で使わせてもらっていますし、マッチョのゴミ拾いも「渋谷のハロウィン」や「コロナ禍明けで4年ぶりに開催される隅田川の花火大会」というような、必ずテレビで取り上げられるだろうなという大きなイベントがあって、そこで何をしたら話題になるかを考えるんです。すでに決まっている行事やニュースについては、企画会議の中で話したり、皆が見られるカレンダーに書いておいて、そこを起点に進めていくようにしています。

木下　他に何かバズった企画はありますか？

只石　「本日限定で宇宙から帰還した人のみプロテイン一生分タダ！」という企画です。

木下　前澤さん（株式会社ＺＯＺＯ創業者で、現・株式会社カブ＆ピース代表取締役社長の前澤友作氏）しかいないじゃないですか（笑）。

只石　そうなんですよ。ワンチャン前澤さんから連絡が来たら、一生分タダで出し続けようと覚悟の上で（笑）。結局前澤さんから連絡は来なかったんですが、それがバズりにバズって。これは前澤さんが宇宙から帰還する前日に社員の一人が考えてくれたもので、慌ててデザインを作ってＳＮＳにアップしました。

木下　なんか悔しいな〜。思いつきたい（笑）。

只石　あとこれも結構バズったのが、「自分の体重の１・５倍のバーベルを持ち上げたら一次面接通過」という採用の企画です。多くの会社が採用に困っている中で何か面白い企画をやったら盛り上がるのではないか？という考えがあって、やったらマッチョ界の中でバズりにバズった。「自分、北海道なんで入社はできないかもしれないですけど、バーベル上げたんで見てください！」みたいな、ＤＭも来たりして（笑）。実際にこれで１名に内定も出ましたし、テレビ局からの取材もありました。「採用難の中でこのような面白い施策をしている会社がある」という文脈で取り上げていただきました。

木下　悔しいわ〜。発想の角度が違いますね。うちがこれからテレビに出るようになったら只石さんのおかげです。逆に失敗したとか滑ったとかはないんですか？

只石　めちゃくちゃありますよ。「これは絶対に受ける」と思ってやったら全く誰も反応しなかったとかいくらでもあります。毎月何かしらの企画をやっているわけですから、毎回は当たらないですね。だから「テレビに出る」とか「バズる」とかをＫＰＩに設定してしまうと、ストレスになってしまうので、最初に言った通り、

・毎月何かしらの企画を必ず実行する
・毎月プレスリリースを７本出す
・自分たちを卑下するようなこと、誰かを傷つけるようなことはやらない

ということだけを決まりにしています。

木下　７本出すと決めていると、中にはイマイチだなと思うものもありますよね。

只石　当然あります。でも７本やるからこそ１本キラッと光る企画も出てくるんですよね。７本全てを当てようとかは全く思っていません。

木下　なるほど。でも広報チームの子たちは本当に優秀ですね。

只石　優秀ですね。でも皆新卒だったり、中途もいますが元歯科助手のような他業種だったり、何か特別な訓練をしていたわけではないんです。

木下　アイデアが湧く人と湧かない人の見抜き方ってあるんですか？

只石　見抜き方ですか⁉わからないですけど、重要なのはそれを楽しめる人じゃないですか。逆に人というよりも誰がやってもプレッシャーにならず、ある程度量をこなしていれば誰でも良いアイデアが出せるような仕組みの方が大切ではないかなと思っています。そうした方が人の可能性を信じることもできる気がします。

指名料55万円・世界一の美容師が1000人のインフルエンサーマーケティングをやってわかったこと

京極 琉
（きょうごく・りゅう）

株式会社Kyogoku 代表取締役

上海出身。12歳で母親と共に来日し、日本の美容専門学校を卒業。その後美容師となり2016年に渡英。約半年の留学の間にVidal Sassoon Academy、TONI & GUY Academy、SANRIZZ Academy の3校を卒業。現地アーティストと作品撮影に取り組み、「Vogue Italia」をはじめ多数のファッション雑誌に掲載される。2017年7月、21歳で東京の赤坂に「SalonRyu」をオープン。2018年にはロンドンで行われたInternational Visionary AwardのCut & Color部門でグランプリを受賞し、世界一の美容師の称号を獲得。

KYOGOKU
PROFESSIONAL

ヘアケアブランド『Kyogoku Professional（キョウゴクプロフェッショナル）』を展開する京極琉氏はSNS総フォロワー数100万人を超え、指名料55万円という超高額にもかかわらず1年半先まで予約が埋まっているという有名ヘアアーティスト。「令和の虎」「NewsPicks」などのネットメディアにも多数出演。中国生まれで家族の都合により12歳で来日、18歳で美容師の道に進み、24歳でロンドンのヘアアーティストのコンテストでアジア人初の世界一を獲得。美容師としての活動にとどまらず、京極氏は自身の名前を冠したサービスや商品を次々とリリースし、現在では年商25億円を誇る事業を展開している。これらの成功は、単なるプロデュースや監修にとどまらない、彼の積極的な関与によるものである。商品企画から集客のマーケティング、広告出稿に至るまで、全てを自ら手掛けるその姿勢が、ブランドの強さを支えている。

特に注目されるのが、カラーシャンプーにおける圧倒的な成果である。京極氏の手掛ける商品は、現在、Amazonのヘアカラーリング用品で№1を誇るまでに成長している。彼の細部にわたるこだわりと、消費者ニーズを的確に捉えたマーケティング戦略が、この成功を可能にしたといえる。

そんなマーケティング戦略の秘訣について話を聞いてみた。

商品やブランドに対する思い入れは数字に表れる

木下 指名料が今日本一高い美容師なんですよね。

京極 今指名料は55万円いただいています。

木下 すごいですね。それでもかなりの予約が入るものですか？

京極 １年半先の２０２６年の１月まで埋まりました。

木下 えー‼まじですか。すごいな。

京極 １日にできるお客さんも２〜３名ですし、今は１ヶ月に４回しかサロンに出ないんですよ。

木下 もう働く必要ないじゃないですか。

京極 好きなんですよね。施術のあとにお客様の表情を見ると、すごい達成感を感じますね。

木下 そもそもなぜ美容師になられたんですか？

京極 出身が中国で、12歳の時に親の仕事の関係で日本に来たんですが、当時は自分の中で気持ちの整理もあまりできていなくて。それで18歳まで家に引きこもって現実逃避していたんですが、このままではダメだと。次の進学ではもう逃げないと心に決めて、色々と考えた結果、手に職をということで美容師を選択しました。

木下 18歳で美容師になると決めて世界一の称号をとるまで結構すぐですよね？

京極 世界一は24歳の時なんで、美容師になるって決めてから６年ですね。

木下 すごいですね。それで今は美容師以外にも様々な事業を展開されて、メディア出演もされていますよね。

京極　美容師の社会的価値を上げるのが僕の使命だと思っているんですが、業界内だけで頑張っても美容師という職業の社会的価値は上がらないので、外部のメディアに出ることで社会的な評価を上げていきたいですね。

木下　その他にも自社ブランドを作ったり、美容師のスクールをやられたり、色々と展開していますが、どんな事業をやっているんですか。

京極　メインがＫＹＯＧＯＫＵブランドのＤ２Ｃ事業で、ほかには美容室と美容師をマッチングさせる求人アプリや美容師の技術向上のためのスクール事業などを無料で展開しています。

木下　無料でというのは、収益はどうしているんですか？

京極　収益は全てＫＹＯＧＯＫＵの商品です。それ以外は美容室や美容師のサポートで、ＫＹＯＧＯＫＵの商品を使っていただいている方々との絆を深めるということでやっています。最近は美容室や美容師が商品やブランドを展開するという新しい流れもあって、ここのプロデュースやサポートといった、いわゆるサプライチェーンの仕事もしています。

木下　京極さんのすごいところは、いわゆるＰ２Ｃ（Person to Consumer／影響力のある個人が消費者に向けて販売するビジネスモデル）というモデルで名前を貸してビジネスをするんじゃなくて、マーケティングを全部自分でやっていらっしゃるところですよね。

京極　髪のことしかわからなかったので、マーケティングは自分で実践して勉強しながらという感じです。広告は代理店に外注もしてみたんですが、**やっぱり商品やブランドに対する思い入れ**

がＲＯＡＳ（Return On Advertising Spend ＝広告費用対効果。かけた広告費に対してどれだけの売上を得られたかを測る指標）に反映されるんだなと思ったというのもありましたし、自分の無知による損失も避けたいと考えたところもあって。

木下　ＲＯＡＳを語る美容師ってなかなかいないですよ（笑）。

インフルエンサー個人から商品・ブランドに比重を傾ける

木下　メインの商品はなんですか？

京極　メインはカラーシャンプーです。

木下　カラーシャンプーって他にも存在してますよね。後発でなぜ勝てているんですか？

京極　色素残留しないことや、カラーシャンプーですけどしっかり保湿もできること、あとカラーシャンプーって爪が汚れたりすることがあるんですが、何回もテストを繰り返して汚れないようにしたり、現場の声を聞きながらこだわって作っているからですかね。やっぱり他のカラーシャンプーってブランドや研究員がコンセプトありきで生み出しているものが多いのに対して、うちのは美容室の現場から生み出されている商品なので、美容師が使って、それをお客さんも使って、良い髪の状態でまた美容室に行って……という良い循環ができていることが大きいです。

木下　なるほど。今、ＫＹＯＧＯＫＵグループ全体の売上ってどれくらいなんですか？

Kyogoku Professional（キョウゴクプロフェッショナル）のカラーシャンプー

京極　全体で25億円ですね。

木下　お〜すごいな。先ほども言ったようにP2Cの場合、名前を貸して商品を作ったり売ったりとかされる人も多いと思うんですが、京極さんは開発から売るところまでご自身でやっていらっしゃるんですよね。

京極　そうですね。P2Cって**最初のフェーズで自分の知名度を活かしてある程度の売上を作ったら、そこからは一般の人に良いと思ってもらうようなマーケティングやブランディングをしないと、1〜2年で終わってしまうことが多いんです**。だから一般的なP2Cだとインフルエンサー個人の力で初速は高いんですが、そこから新規の方に届けるまでいかなかったり、インフルエンサー本人の色が強すぎてしまって「本当に他の人が良いと思って使っているの?」という不安の声が出て売れなくなってきたりするので、そういったことを避けるためにやっています。

木下　たしかにそうですね。今の25億円の売上の中で、琉さんのファンだから買っている人と、琉さんのことはよく知らないけど商品を買っている人の比率ってどれくらいなんですか？

京極　僕のファンは多くても10％ですね。

木下　ということは90％は商品やブランドについている？

京極　そうですね。ＫＹＯＧＯＫＵって商品、ブランドとしての認知の方が多いです。

木下　そういえばセナくん（ＴＥＬＥＳＡの車谷セナ社長。１３４ページに登場）も商品を見て「この商品、僕普通に自宅で使ってるけど琉さんの商品だったんだ。知らなかった」と言っていましたね。

京極　めちゃくちゃうれしいですね。

木下　商品やブランドのコンセプトというのはラグジュアリーヘアケアブランド？

京極　それもそうですし、どの環境どの雰囲気どの時間どこにいても、ＫＹＯＧＯＫＵを使うことによって幸せを感じてもらうことが一番のコンセプトなので、ヘアケアだけでなくビューティーとか、あとはペット関係とか……。

木下　ペットも？（笑）

京極　はい、ペットもやっています。どの商品でもその分野のプロフェッショナルと組んで、あらゆる悩みに対してピンポイントで解決する商品を共同開発しているのも強みかなと思っています。

新規顧客を獲得するためのインフルエンサーマーケティング

木下　商品数ってどのくらいあるんですか？

京極　250種類です。

木下　すごいな。商品開発は普段どういう感じでやっているんですか？

京極　例えばペットの商品であればまず専門家にサンプルを送って、僕も同時に試して、そのフィードバックを工場に伝えて開発するという流れで、日々それをずっとやっている感じです。

木下　年間でどれくらいの商品数出すんですか？

京極　2023年は結構多くて、100アイテムくらい出しました。出さないと機会損失になったり、お客さんが買いたくても買えなかったりなどの理由で出していたんですが、多すぎてだんだん認知されづらくなってしまったので、2024年は50アイテムに減らしました。

木下　それでも50もあるんですね（笑）。プロモーションが追いつかなくないですか？

京極　それはあります。ただ普通は新商品をリリースする前に広告を出したりプロモーションしたりすると思うんですが、KYOGOKUの場合はリリースしてから自社のECに出して売っていく形で、もちろん事前にサンプリングとかはするんですが、外部への広告費などはかけていないんです。

木下　それでいくと既存のお客さん向けに出していく感じですか？

京極　新商品に関してはそうです。新しいお客さんは既存の売れている商品でKYOGOKU

ユーザーになってもらって、既存のお客さんに対して新商品を出していくという形が一番費用対効果も良いですね。逆にいうと、新商品にお金をかけてプロモーションして新規を獲得しにいくというのをやったことがないんです。

木下　ということは、集客商品はカラーシャンプー？

京極　あとはブリーチとヘアアイロンですね。

木下　この辺はどうやって集客しているんですか？

京極　まずは繋がりのある美容室や美容師経由、それとインフルエンサーマーケティングです。ギフティングもしますし、広告費をお支払いしてPR案件として真実のレビューをしてもらっています。その生の声をTikTokとかインスタグラムを通して発信するのが大事ですね。

木下　どういうインフルエンサーの方にお願いするんですか？

京極　**美容師などの専門的な分野のインフルエンサーと、一般的なフォロワー数の多いインフルエンサーの両方にお願いすることが大事**だと思っています。前者は数字は取れないかもしれないですが、ファンとの絆が強いことが多くてCVR（購入率）が非常に良いんです。

木下　今まで何人くらいのインフルエンサーさんに依頼しているんですか？

京極　今までで1000人は超えていますね。

木下　えええええ〜、1000人！では、どういうインフルエンサーさんが成果が出やすくて、反対にどういうインフルエンサーさんは成果が出づらいとかってありますか？

京極　これは本当にほぼ運かなと思います。というのも、**あるタイミングで数字が取れているイ**

ンフルエンサーでも、商品を送って撮影して投稿するまでの間に数字が取れなくなってしまう場合もあるし、またその逆もある。あとは動画の中身、**例えば最初の3秒でどれだけファンの心を掴めるかなどの要素もあります。難しいのは、いつもの動画はめちゃくちゃ面白いのに案件になると急に動画の内容がつまらなくなる人がいることです（笑）。**それはやってみないとわからない。

木下　バナー広告はやっていないんですか？

京極　やってないんですよ。ただ、GoogleのSEOなどは自社にライターさんを入れて結構力を入れていて、オーガニックで上位にくるようにしています。

木下　インフルエンサーさんに紹介してもらって、そこからの受け皿として自社ECに飛んでもらうんですか？

京極　いえ、そこはインプレッションだけ（表示させるだけ）です。

木下　検索とか自社サイトにきてくれた人には、LINEに誘導とかはされていますよね？

京極　それはしています。

木下　ではLINEに誘導して、そこで購入してもらって送る感じですか？

京極　自社ECは手数料がかからないのでそれが理想ですが、**新規をできる限りローコストで獲得していくなら、絶対にモールの力を借りた方がいい**ですね。

木下　ということは、インフルエンサーが紹介してくれた商品はモールで購入に繋げるようなイメージを想定されていますか？

京極　まさにその通りです。実際にインフルエンサーの投稿を見て「ＫＹＯＧＯＫＵ」で検索して、モールで買ってくれています。ただ、トラッキングしていないので追跡はできないんですが、現状で自社ＥＣよりモールの方が売上は高いですね。

木下　25億円だとモールの比率ってどれくらいなんですか？

京極　モール７割です。

木下　定期購入とかはあまりない？

京極　そうなんですよ。ぜひその辺は木下社長から勉強させていただきたいなと思っています。

自社サイトで売るかモールで売るか

木下　Ｉ－ｎｅの伊藤さんとも話していたんですが、自社サイトで売れる商品とモールで売れる商品ってそもそも違うと思っているんですよ。だから定期購入中心の商品をやるんだったら、別のものを作った方がいいかもしれない。

京極　考え方として、モール中心で売れているベストセラー商品を自社サイトに持ってきて、それを定期購入してもらうのだと違いますか？

木下　もちろんやってみないとわからないんですが、**一般的にモールで売れる商品は「他より良い商品」、自社サイトで売れる商品は「他にはない商品」**なんですよ。ＫＹＯＧＯＫＵさんの商品を指名買いしている人は気にしなくていいんですが、カラーシャンプーを検索して出てきたものから選んでいる人は、自社サイトでは買わないんですよね。モールやドラッグストアに行って、たくさんあるものの中から選ぶので、広告とかインフルエンサーの投稿を見て「良いな」と思っても、一旦楽天やAmazonに行ってカテゴリーで検索して選ぶんですよ。

京極　あ〜たしかにそうですね。北の達人さんの商品はモールに出していないんですか？

木下　一応出してはいるんですが、そのジャンルの商品が楽天やAmazonにないんです。例えば「ハンドピュレナ」って商品があって、歳をとってくると手が痩せてきて血管が浮いてくるんですが、そこをふっくらさせるようなクリームなんですけど、これってハンドクリームではないんですよ。血管をふっくら見せるクリームないかなってモールで検索する人はいないんです。

京極　それはたしかにいないですね。

木下　こういう商品はYahoo!などで表示されている広告を見てクリックしたら、飛んだ先で買うか買わないか決めるんです。ジャンル的に他に同類の商品があるかないかっていうところが大きい。

京極　でもどこにもない商品を作るのむずかしくないですか？（笑）。

木下　ずっと考えていますよ（笑）。僕らは1商品1事業と思ってやっているので、過去に買ってくれたお客様に新商品を買ってもらうとかはあまり考えていなくて、全部新商品として広告を出して新規を獲得していく感じですね。

京極　全部ゼロイチですか？

木下　そうですね。

京極　それ一番体力使うんじゃないですか？

木下　でもいろいろやってみた結果、例えばメインの集客商品があるじゃないですか。その集客商品で集めたお客様に別の商品をお勧めしても、5％から10％くらいの人しか買わないじゃないですか。そうなると売上を増やすには大量に商品を作らないといけなくなる。その方がしんどいなと思って。

京極　大量の在庫を抱えるってことですか？

木下　いえ、大量の種類という意味ですね。**集客商品と他の商品で製造の手間が変わらないのであれば、集客商品になるようなものしか作らない方が良い**という考えですね。だから年間で3～4アイテムしか出ないんですけどね。なので楽天やAmazonなどのモールメインでやっている人と話すと別の事業をしているみたいだねという話になります。

京極　たしかに、そうですね。

木下　ただ、琉さんの場合は単にモールに検索で来てもらっているというよりは、基本はご自身で集客して、キャッチする位置付けとしてモールがあるじゃないですか。

京極　そうですね、できる限りキャッチする面を広く持った方がいいとは思っていて。あとはモールの方がお客さん目線で便利かなというのはあります。自社サイトもモールより割引率を上げたりとか、キャンペーン施策もしているんですが、モールの方が盛り上がり感もでます。あとはモールでランキング1位を取ればずっと表示されるのも、無料の広告みたいなものなので、そこも戦略としては考えています。でも自社サイトにしかない商品も実践してみたいです。

木下　琉さんはご自身に力があるので、新しいカテゴリーじゃなかったとしても自社サイトで売れる商品ができるかもしれないですね。

京極　実は今、海外のモールにも力を入れていて、中でも中国と台湾の売上が上がってきました。Shopee というサイトとＴＭＡＬＬ、中国は特に動画を見ながらワンクリックで購入する TikTok Shop が、モールの中では一番売り上げが高いです。

木下　注文は日本で受けているんですか？

京極　いえ、中国にチームを作ってそっちで受けています。でも中国のモールって日本と比べてすごい手がかかるんです。例えば、日本のモールってお客さんへの返事の猶予って数時間から１日くらいじゃないですか。中国は５分以内に返事をしないとどんどん点数がマイナスされていくんですよ。１日に10人から連絡が来て１回も返事をしなかったら、お店が一旦停止とかになったりします（笑）。

木下　それは大変だ（笑）。

京極　維持するために返事をするのがめちゃくちゃ大事です。お客さんとしてはすぐに返事が返ってくるんで良いんですけどね。逆に10秒以内に返事をすれば加点されていきます。あとはライブコマースですね。

木下　お忘れかもしれませんが、この人、美容師です（笑）。

京極　一回もカットやカラーの話をしないまま終わりましたね（笑）。

2-3

料理系超有名YouTuberの一言から始まった3億円売れた〝おせち〟

一般社団法人
日本EC協会

福島　亮（ふくしま・りょう）

一般社団法人日本EC協会 代表理事
1984年岡山県生まれ。22歳で起業後、複数の事業を展開。メーカー、卸売り企業、上海GLPLAZA（日系スーパーマーケット）など海外企業を買収後、全てのグループ企業を売却。現在はひよこの会、EC大交流会を中心に企業マッチング事業、食品D2C事業、サウナ販売業、飲食事業などを展開。

一般社団法人日本ＥＣ協会の福島亮氏は、一言で表現すれば「商売人」である。22歳という若さで起業し、その後も次々と独創的なビジネスを展開してきた。例えば、上海の日系スーパーマーケット「ＧＬＰＬＡＺＡ」を買収してネットスーパー事業に参入したり、新庄剛志《しんじょうつよし》氏をイメージキャラクターに起用した加圧シャツブランドを立ち上げたりしている。その行動力と発想力は際立っており、多彩な人脈と優れた商売センスを駆使して数々のヒット商品や成功するビジネスモデルを生み出してきた。

現在は、日本全国で２０００名以上が加盟する一般社団法人日本ＥＣ協会の代表理事を務めている。その活動は幅広く、これまでに培った豊富な人脈を活用し、有名インフルエンサーとタイアップして数々のヒット商品を生み出している。その代表例が、有名な料理系YouTuberと協力してプロデュースした「おせち」である。この商品は大きな話題を呼び、大ヒットを記録した。

福島氏はこれまで多くの事業を成功させてきたが、その裏にはどのような戦略や考えがあるのか。彼の成功の背景について直接話を聞いてみた。

消費者が「深く考えずなんとなく買っているもの」を狙う

木下　それにしても、おせちってライバル多くないですか？

福島　皆さんおっしゃるんですよ。高島屋さんや松坂屋さんなどの百貨店を「ライバルじゃん」って言うんですけど、僕らからすると全くライバルじゃなくて。売ってるものは同じなんですけど売り方が全く違うんです。

木下　なるほど。

福島　あと、言葉は悪いんですが、**おせちってみんな思考停止で買うもの**なんです。絶対に正月に食べるから、毎年どこかのものを買うんです。買わなくてもいいけど、買わないと嫌なんですよ。例えば土用の丑の日のうなぎでも恵方巻きでもいいんですが、**とにかく店頭にたくさん並んでいて、消費者の認知度が高く思考停止で買われやすい商品って、僕らみたいなスタートアップが参入しやすい**んです。

木下　去年（２０２３年）もすでに売っていらっしゃいますよね？　どれぐらいの数が売れたんですか？

福島　１万個売れました。

木下　すごいですね。何日ぐらいで売れたんですか？

福島　１週間ぐらいです。みんな言うんです。「もっと作って売ればいいのに」って。それは無理なんです。そんなに作れないんですよ（笑）。

料理系超有名YouTuberと作った3億円売れたおせち

木下　そもそも料理系超有名YouTuberのおせちっていうのは、事業戦略・マーケティング戦略的なものから生まれたのか、もしくはひょんなことから生まれたのかでいうとどちらですか？

福島　僕が事業戦略書くと思います？（笑）

木下　いやいや、今の話だったら「思考停止で買うものは参入しやすい」とかあるじゃないですか（笑）。

福島　あとでつけた話です、それは（笑）。本当は「出会い」ですね。

木下　その出会いというのは？

福島　まずは岐阜県の工場との出会いですね。岐阜県羽島市のCorlantってメーカーさんなんですけど、そこの社長さんとあるディスカウントストアの役員経由で出会って、「ECで何かできないか」という話になっていろいろと話していたら、子会社に給食センターなどもあって食品関係をやっていると。その中におせちを作っている面白い工場があって「めちゃめちゃ儲かっているんだよね」と教えてくれたのがスタートです。

木下　その段階ではどうやって売るとかは全然決まってない状態ですか？

福島　全く決まってないです。どういうふうに売るかみたいな話をしている時に、ちょうどP2C（Person to Consumer／影響力のある個人が消費者に向けて販売するビジネスモデル）って言われるものが世に出始めたんですよね。僕は以前から著名な人と組んで何かを売るというビジネスをやってきたこともあって、おせちだったら誰がいいかを探していたんです。いろんな人がいる中で、料理系超有名YouTuberがひたすら酒を飲みながら何か作ってるのを見て、絶対この人だなって思って。

木下　何で？（笑）

福島　消費者（視聴者）にめちゃくちゃ目線が近いんです。一番感動したのが、料理に味の素を振りかけまくったことです。「料理研究家って味の素入れるの？」って衝撃で。味の素入れて「これ入れときゃ、うめぇんだよ」って言ってやっているんですよ。絶対に仕事するならこの人だなと思ってすぐオファーさせてもらいました。

木下　おせちがどうこうというよりは自分と合う人ってこと？

福島　僕は**食べ物は食べてから買えないので、体験ごと化するべき**だと思っているんですが、その方の動画は視聴者がまるで自分が体験しているかのように見せているんです。そこが大きいですね。例えばブリ1本買って捌いて「ブリしゃぶを作りました」って言ったら「おー、おいしそう」で終わると思うんですね。ただ、その料理系超有名YouTuberの場合は、そもそもブリしゃぶとか作らないんです。中華だしで味付けしてこれでうまいとか、3分クッキングに近い形でやっているんですね。すごいわかりやすいんです。

木下　それってでも、食べる側じゃなくて作る側の観点ですよね。おせちとはあんまり関係なくないですか？

福島　「消費者観点で、ものを見せられる能力がある」って時点で、クリエイターとして最高の人だなと思いました。あとはSNSにすごく強いんです。定期的に炎上するんですが、最終的には良い方に転ばせるというか、ネットの戦略を全て理解してやられている。クリエイターとしてもプロだし、商売人としてもプロで、この人なら間違いないなと思いました。

あえてターゲットが絞られるコンセプトで「セカンドおせち」のポジションを確立

木下　実際にそこからどう具体的に進めていったんですか？

福島　まずはそのYouTuberの方にお会いしてお話しさせていただきました。その時にその方が「わかった、受けよう。その代わり俺は魂かけてやるから、お前らも魂かけてやってくれよ」って言ったんですよ。この一言にすごく感動したんですが、その人「おせち料理大嫌いなんだよね」ってずっと言うんです（笑）。

木下　嫌いなんだ（笑）。

福島　「そうなんですね、じゃあどうしますか？」って言ったら「全部つまみにしてくれ」って。甘いものなんて入れるな、縁起とか関係ないと。縁起物なんか入れるんだったらそこに砂肝入れてくれ、みたいな。そこから「おつまみおせち」というコンセプトになって。

木下　じゃあ結構ターゲットが絞られますね。おせちとはいえ、従来のものとはターゲットがだいぶ違ってきませんか？

福島　そうです。おせちなんですけど、比較的オードブルに近い感覚なのかなと思います。売り方もターゲットも違うんで、冒頭で言ったように百貨店と競合しないんです。

木下　販売はどんな感じでやったんですか？

福島　最初は自社サイトと楽天でちょろっと出しただけで、その人のYouTubeの概要欄におせちのリンクを貼ってもらって、という定番の売り方です。

木下　料理系超有名YouTuberが作って、YouTubeの概要欄で販売していらっしゃるということなんですけど、YouTubeの番組内でも色々取り上げたりしたんですか？

福島　実際にできるまでは宣伝しませんでした。制作の過程は出さずにいきなり「作りました！」みたいな。火がついたのは、購入者のSNSの投稿を、その料理系超有名YouTuberがリツイート（現Xのリポスト）したことでしたね。そのリツイートされた画面をスクショする人が出てきて、「料理系超有名YouTuberにリツイートしてもらった」となると、その人の周りに拡散されるじゃないですか。そこからおせちを普段買わないような人も「買ってみよう」となって、広がっていきました。

木下 **前からおせちを買っていた人が今まで別のところで買っていたけど「料理系超有名YouTuberのところで買おう」とスイッチしたというよりは、これまでおせちを買っていなかった人が買ってくれた**んですか？

福島 そうですね。あともう1つ面白かったのが、いつも買っているところでも（おせちを）買う、こっちのおせちも買うという流れですね。

木下 **「おつまみおせち」というコンセプトだからセカンドおせちみたいな位置付けが確立できたと**。それ、すごいマーケットかも。

福島 そうなんです。たぶん普段のところはお付き合いで買っているとか、そういう人も結構多いと思うんです。毎年注文しているとか。ただ「なんか面白そう」で買って、それをＳＮＳにアップする人が多かった印象ですね。

木下 いわゆるプロセスエコノミー（商品やサービスの完成品そのものだけでなく、それらを生み出す過程＝プロセス自体に価値を見出し、そのプロセスを収益に繋げる経済モデル）といわれる現象のように、作っている過程を見せていってみたいな感じでは全然ないんですね。

福島 本当だったら1個ずつ商品開発しているところを動画にした方が面白いんですけど、それだとサプライズ感もないし、めっちゃ売り込んでいるみたいだし、忙しいし「いきなり出そうぜ」みたいな感じでした。結構リピーターも多くて、リピート率が40％ぐらいです。味への評価もすごく高くて、そういう部分でも良い工場に巡り合えたこともすごく大きかったなと思います。解凍するとドリップ（冷凍品を解凍した時に出る液体のこと）が出るんですけど、出ないようにすごく気を付けてくれたり、におい移りしないように配置してくれたりとか、すごく丁寧に作ってくれました。

木下　でも色々お話を伺っていると、元々他で買っていた人が福島さんのところのおせちを買うようになったのではなくて、今まで買っていなかった人を開拓しているというのが大事なところですよね。その方がマーケットも広げているし、競合との競争も起きないですよね。

福島　そうなんです。最初にもお伝えしたように、そういう意味でライバルがいないんです。

木下　私もeコマースってそもそも競合との競争ってあんまりないんじゃないかといつも思っているんですよね。特に自社サイトのECであれば、サイト比較してからこっちで買おうとかなっていないと思うんです。

「大丈夫っしょ」感覚で粗利が激減し失敗!?

木下　販促施策で当たったものとか失敗したものは何かあります？

福島　結構ありますね。特典でハイボールのタンブラーを作る案が出て、「やろう！」となったんですが、そもそもおせちの箱には一緒に入らないので、これは別送しかないとなってやってみたらものすごいコストがかかっちゃって（笑）。

木下　サイズとかを色々変えてやろうとは思わなかったんですか？（笑）

福島　全然思わなかったです（笑）。まずはこれで消費者に「このおせち企画はやばい！」というのを見てほしかったんですよね。あとおせち自体の原価も「大丈夫っしょ」っていう感覚でいったので、見てから「結構高いんだね」となりました。

木下　**食品って原価率がめっちゃ高いから送料とかが命**ですよね。

福島　そうなんです。しかもそのタンブラーは送料無料で（笑）。おせちの分の送料しかもらってないんで「これはやっちまったな」ってなったんですけど、そこは佐川急便さんとうまく頑張って最終的にちゃんと儲かりました。でも、タンブラーはもうやめようっていう（笑）。

木下　せめてちゃんと同梱できるものにしようと。

福島　はい。その料理系超有名YouTuberさんは本当に面白い人で、「年越そば普通に食うのも飽きたよね」、「カレー南蛮にしよう」って言って、その次の年にはカレーを入れて、カレーそばにしてくださいということで、おせちとちゃんとセットにして送りました。それも大好評でしたね。

第3章

プロセスエコノミーからヒットした商品

プロセスエコノミーとは、従来の「モノ」や「結果」を重視する経済活動に対し、作る過程や体験、努力、物語性などに消費者や社会が価値を見出し、評価し、それに対価を支払うことが特徴で、クラウドファンディングやライブ配信、SNSを活用したマーケティングなど、多くの現代的なビジネスモデルに応用されている。

そこから生まれた商品やサービスに対して消費者は「一緒に作り上げた」「ずっと見守ってきた」という他のものとは違う愛着を持ち、価格競争にも巻き込まれず熱狂的なファンを生みやすい。

よって、うまくいけば「ブランド」としての安定的価値が生まれやすい。

一方でその「プロセス」の質によっては一時的なイベント効果にとどまり、「(プロセスを共有した) ファン」以外の人には価値がわかりにくく、前出のP2Cビジネスと同じく「ファン以外の人」に広めて普通のD2Cブランドに変換させていく必要がある。今回は「プロセスエコノミー」からスタートしたビジネスがそのまま安定的にブランド化した「ファクトリエ」と、一過性にとどまり、急落した上で復活させた「TELESA」の2つの事業について話を聞いてみた。

全国800件以上の工場を回った男が作る、世界に通用する日本のファッションブランドとは？

• FACTELIER

山田敏夫（やまだ・としお）

ファクトリエ 代表

1982年熊本生まれ。1917年創業の老舗婦人服店の息子として、上質で豊かな色合いのメイドインジャパン製品に囲まれて育つ。大学在学中、フランスへ留学しグッチ・パリ店に勤務。2012年1月、ライフスタイルアクセント株式会社を設立し、同年10月に『ファクトリエ』をスタート。年間に訪れるものづくりの現場は100を超える。著書に『ものがたりのあるものづくり ファクトリエが起こす「服」革命』（日経BP）がある。

「日本のものづくりを守りたい」という強い想いから、ライフスタイルアクセント株式会社（サービス名：ファクトリエ）を立ち上げた山田敏夫氏。同社は、生産者と消費者を直接繋ぐ「工場直結のアパレルブランド」として注目を集めた。

ファクトリエでは、「適正価格で本当に良いものを届ける」という理念のもと、中間業者を排除したシンプルなビジネスモデルを採用。工場の職人が手がける高品質な製品を消費者に直接届けることで、持続可能なものづくりを実現した。

利益の最大化を追求するだけでなく、日本の職人技を次世代へと継承することを目指した山田氏は、日本各地の高品質な工場を訪ね歩き、一社一社の職人と膝を突き合わせて思いを伝え、食や酒を共にして関係を構築していきながら理想を実現させていっている。その姿が「カンブリア宮殿」などのテレビ番組で取り上げられたり、様々な記事や著書が出版されたりすることで広く認知され、ファクトリエは国内外で多くの支持を得るブランドへと成長した。よって同社のユーザーは商品だけではなく、同社の姿勢、ブランドのファンである。その熱狂的ファンを生み出したプロセスについて話してもらった。

メイドインジャパンの服は全体の1・5%しかない？

木下　山田さんは日本で一番工場を回った人って言っていますよね。

山田　そうですね。会社を作って10年ちょっとなんですけど、これまでにだいたい830ぐらいの工場を回りまして、今も各地をいつも回り続けているという（笑）。

木下　この人は本当に何がすごいかというとですね、とにかく人脈がすごいんです。大企業の経営者から芸能人、オリンピックの金メダリストまで。僕も何人かご紹介いただいてお会いしましたけど、名前がすごすぎて言えないんです。僕は「キングオブ人たらし」って呼んでいるんですが、この人は会いたい人に突然手紙とかメールを送るんですよ。その熱心さに「じゃあ一回くらいお会いしてみよう」って大体の人はなるんですけど、それで会うと山田さんのファンになってしまうんです。そしてファンになったあとにファン同士を繋げてくれるんです。次にファンになってで山田さんのファンクラブができていくという、すごく不思議な人なんですね。私はお会いして2、3年ぐらいですかね？

山田　そうですね。

木下　この2、3年の間に僕も山田さんの大ファンになってしまって。と前置きが長くなりましたが、そんな山田さんはどんなことをしているんですか？

山田　僕たちは日本の工場で洋服を作って売っています。この30年ぐらいでメイドインジャパンってどんどん減っていっているんですが、今日本製の洋服って何%ぐらい残っているか知って

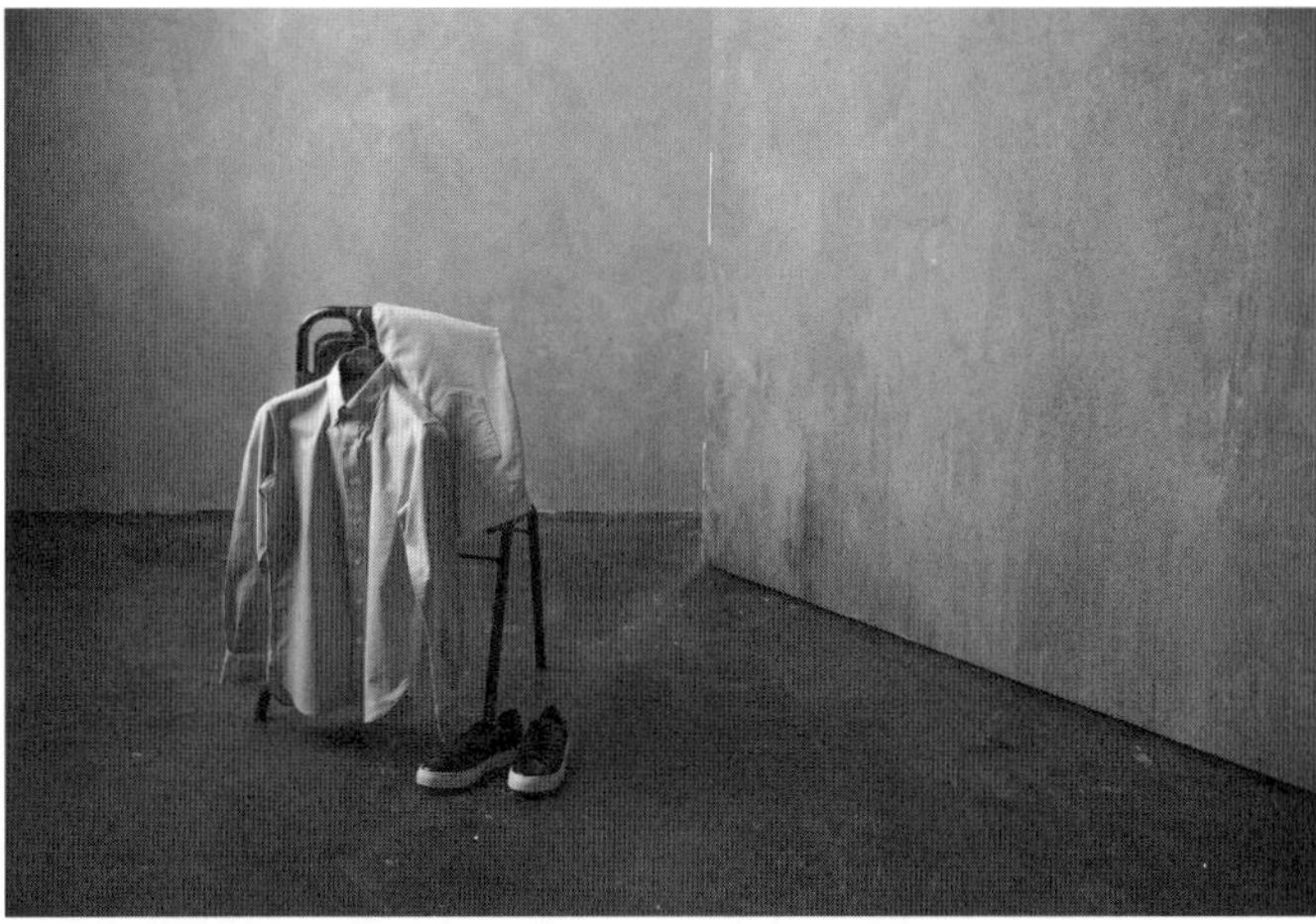

日本製で高品質にこだわるシンプルなファクトリエの服

いますか？

木下　20〜30％くらい？

山田　今は1・5％です。

木下　え！　1・5％!?

山田　1990年には50％あったんですけど、今は1・5％なんですよ。この1・5％の中には、世界の一流ブランドの服を作っている工場が残っているんですが、この工場って、いまだに最低賃金でどんどん高齢化が進んでいる状態なので、僕はその工場に直接行って一緒に「ファクトリエ by 工場名」の商品を作って届けるということをしています。

木下　商品の位置付けはどういうものですか？

山田　お客さんの立場では百貨店の半額ぐらいで買えて、工場は今までよりも倍以上儲かるという通常のブランドビジネスとは真逆のことをやっています。今のファッション業界が重視しているのは、デザイン性と経済性の2つです。この2つの要素で、ファストファッションも含めて、ファッション全体が盛り上がってきたんですが、一方で「誰が作るか」っていうのは抜け落ちてしまってきた。だからメイドインジャパンの服が全体の1・5％なんて誰も知らないんです。

木下　元々日本で繊維を作っていたけど、コストが安い海外に流れていってしまい、腕のあるところしか残れなくなった。それが1・5％であると。

山田　おっしゃる通りです。例えば僕が最初に提携させていただいたのはとあるシャツ工場なんですけど、そこは世界の74のブランドのシャツを作っているんです。その74ブランドにとっては、替えがきかない存在になっています。

フランス・GUCCIで学んだもの作りへのリスペクト

木下　そうなんですね。でも何でそのビジネスをやろうと思ったんですか？

山田　1つは私がとある商店街にある100年以上続く老舗の洋服屋の息子だったこと。もう1つが20歳の時にフランスに留学してGUCCIで働いていたことです。GUCCIだけでなくてエルメスやヴィトンもそうですが、これらは元々工房から生まれたブランドだということもあって、もの作りに対してのリスペクトがめちゃくちゃあるんですよ。デザイナーももちろん重要だけどコロコロ変わるので、ちゃんとした礎がないとGUCCIらしさとか、エルメスらしさがなくなっちゃうわけです。そうならないように、もの作り側が担保しているっていう話を聞いた時に、僕はそれまで誰が作っているかとか、もの作りへのリスペクトなんて考えたこともなかったな……と衝撃を受けて。じゃあ日本に帰って、日本のもの作りの現場からGUCCIのような一流ブランドが生まれるようなことをやりたいなって思ったんです。

木下　ちょっと話が逸れるかもしれないですけど、例えばGUCCIとかってデザイナーが変わるとテイストがめちゃくちゃ変わるじゃないですか。正直そういうことがあると、GUCCIらしさって何?って思っちゃうんですが、GUCCIの人たちってどう考えているんですか?

山田　GUCCIらしさって3つくらいポイントがあって、それらを踏まえながらどうアレンジするかがデザインの役割なんですよ。どちらかというとGUCCIの型があって、その型に対してどういう味付けをしていくか、ということですね。

木下　それを下支えしているのが工場などのもの作りの現場だと。

山田　おっしゃるとおりです。僕がGUCCIで働いていたのは2004年なんですが、ちょうどその年ってデザイナーだったトム・フォードが辞めるタイミングで。トム・フォードはめちゃくちゃ人気のデザイナーで、彼が辞めるとなって社内も大混乱していたんですが、**ブランドの礎であるもの作りの現場があればデザイナーが変わっても0《ゼロ》にはならない**んです。デザイナーありきのブランドで、もの作りも中国とかベトナムとかいろんなところでしているようなブランドだと、デザイナーが変わっただけでそれまでに築いてきたものが0になってしまう可能性があります。

木下　でも山田さんがそういうことをやりたいからといって、工場に話をしに行って理解してもらえるものなんですか？

山田　いや、されないですよね。僕らは作った服を主にインターネットで売るわけですが、そういうもの作りをしている工場のある場所がほぼインターネットに繋がっていないという（笑）。これは起業当時なのでもう10年以上前の話ですが、工場に行くと訪問者記録として当社の企業情報とかを書かされるわけです。そこに「社員1名・資本金50万円」と書くじゃないですか。もうこの時点で怪しいですよね。

木下　怪しい（笑）。

山田　一応スーツを着て行くわけですよ。田んぼの真ん中をスーツケースを引いて歩いていく。ある時「スーツを着た怪しい男性が町内を歩いているのでみなさん気をつけてください」って町内放送が流れて、「怖っ！誰だろう」と思って見回したら僕しかいなくて（笑）。

木下　（笑）。

山田　工場に着くと「鬼が来た！」みたいに逃げられるようにガシャン！ってシャッター閉められたりして。僕が工場に行って伝えることって良いことしかないんですよ。良いことしかないから怪しいんですけど（笑）、例えば僕らと一緒にやると3つの良いことがあるんです、と。1つ目は普通の仕事よりも利益が得られることです。なぜなら僕らは工場の言い値で取引するからです。2つ目が繁忙期と閑散期がなくなることです。例えばTシャツを作っている工場って冬はめちゃくちゃ暇なんですよ。でも僕らは冬に作ったものも買うので閑散期にも売り上げが立ちますと。3つ目は僕らの作る商品には工場などの名前もきちんと載るので、社内のモチベーションが上がるんです、と。めちゃくちゃ良いことしかないはずなのに人は動かないんだなっていうのを知りました。

木下　理屈じゃないんですよね。

山田　日本のもの作りがこれだけ減っていて、これを立て直そうと頑張っているのに、誰も見向きもしてくれないいんだってその時はやさぐれました。でも、ある時夜行バスに乗って営業に走り回って、帰りも夜行バスで帰ってきてそのバスを降りる時に、「これは俺がやりたいからやっているんだ。やりたいことに協力してもらう仲間を探す旅なんだ」と思ったんです。その時に視界がひらけた気がしました。

木下　日本のためとかではなく、俺が好きでやっているんだと。

山田　好きでやっていることに付き合ってもらうので、もうそこはお願いしますと。そこから工場の扉が1個1個開いていった。でも**最初に扉を開けてくれる工場は一流の工場じゃないといけないと考えていました。**途中で協力してくれそうなところが現れたりもしたんですが、実際に工場に行って中を見るまでは、そこがどんなところか全くわからないんです。僕が工場を探す時ってタウンページの一番上から順に電話していくので、「山田ソーイング」ってあるから電話してみ……

木下　ちょっと待って、タウンページで連絡していくんですか？

山田　そうなんです。地方に着くじゃないですか、公衆電話を探して。

木下　この街を攻めるぞと。

山田　この街攻めるぞと。例えば、繊維の産地で有名な尾州（愛知県一宮市を中心に愛知県尾張西部エリアから岐阜県西濃エリア）というところがあるんですが、東海道新幹線の駅である岐阜羽島で降りて、公衆電話を探してそこに置いてあるタウンページを開いて上から電話をかけていくんです。

木下　当時でも携帯電話はありましたよね。

山田　携帯はありますよ。でも工場情報がないんですよ。工場がホームページを持っていないので。

木下　そういうことか……。

山田　工場っていまだにホームページを持っていないところも多いんです。800社の工場情報がほしい人がいるかわからないですけど、工場情報がほしい人からすると私の持っているデータはすごい資産ですよ。

木下　すごい話だ。

山田　それで山田ソーイングに電話をかけてから行くわけですが、中に入ってみないと何を作っている工場なのかもわからないんです。入ってみて初めてここはシャネルを作っていたんだとか、ここはディオールを作っているんだとかがわかる。入ってみると水着しか作っていない工場で、「早く帰りてぇ」みたいな（笑）。それで本当に良い工場を見つけた時に頑張って口説くんですけど、彼らは別に仕事には困っていないんですよね。でもそこで頑張って口説いて、うまく提携してくれることになると、例えばシャネルがお願いしている工場が日本国内に3つあるとすれば、この3つの工場同士は知り合いなので、他の2つも協力してくれやすくなるんです。シャツはここ、ニットはここ、ジーンズはここといった具合にアイテムはバラバラなんですが、シャネルを作っているので、技術はトップレベルなんです。そういうのもあるので、最初に誰に握手してもらうかはすごく大事でした。

詐欺に遭って学んだ海外進出の危険性

木下　すごく大変な立ち上げでしたね。最初はそうしてすごく苦労されて、そのあとは順風満帆に伸びていった感じですか？

山田　いやいや、全然そんなことなくて、むちゃくちゃいろいろありました。

木下　何かあったんですか？

山田　マレーシアのモハメドさんって人がファクトリエの商品をたくさん買ってくれていたんですよ。それこそ月に100万円単位で買ってくれて。最高のお客様だと思っていたんですが、3〜4ヶ月くらいして、クレジットカード会社から「モハメドのカードには偽造の疑いがある」って連絡が来て。その時すでにモハメドに1000万円分くらいの商品を送っていたんです。

木下　おお……。

山田　クレジットカードって個人は保証されるんですけど、買われたものは保証されないんですよね。なので時すでに遅くて、メイドインジャパンのジーンズとか、売れやすそうなアイテムは全部転売されて、僕らには1円も入ってこなかった。それ以来セキュリティも厳重にして、今は同じようなことは起きないようになったんですけど。木下さんも最初の頃はそういう事件がありましたよね。

木下　詐欺はありましたね。

山田　あとはやっぱりコロナですね。コロナ禍前だと、オーダーのスーツとかがすごく売れていたんですが、コロナ禍になってスーツが全く着られなくなり、一気に売れなくなった。そこからカジュアル路線に振っていったんですけど、カジュアルは「仕立てが良い」とか伝えづらいんですよ。Tシャツで「めちゃくちゃ良い」ことを伝えるのってすごく難しいんです。スーツとかYシャツは一発で違いがわかるんですけど、Tシャツでその違いを出すってすごく難しくて。当時リアルな店舗の卸先が海外含めて50店舗近くあったんですが、全部1回閉じました。

木下　自社でも店舗を持っていますよね。

山田　はい。名古屋や横浜、海外は台湾ですね。そこも全部1回閉じて、何をどう売るかを考え直しました。

木下　どう修正したんですか？

山田　**Tシャツで高級感がわかるものって何だというのを突き詰めて考えて、インターネットで売ることに特化しました。救いだったのは、カジュアルな衣料は採寸などが必要ないので、インターネットで売りやすい商材ではあるんです。あと世の中の主流がフォーマルからカジュアルになったので、ファクトリエの商品の良さをどう伝えるかにフォーカスして積み上げていった**という感じですね。

木下　それまではスーツがメインだったけど、コロナ禍でみんなの服装がカジュアルになって、スーツ市場が狭くなった半面インターネットカジュアル市場が増えたっていう感じですか？

山田　まさにそうです。

木下　自分たちは店舗もやっていたしインターネット販売もやっていたから、店舗でしぼんだ分はネットを伸ばせば良いとなったわけですね。

山田　おっしゃるとおりです。スーツなどをインターネットで売るのは、採寸が必要だったりで難しかったかもしれないんですが、例えばTシャツやブルゾンなどのカジュアルウェアであればまだインターネットで戦えるアイテムだったんです。あとはそれをどう作るかで、売れている商品のシリーズ化をやったりとかいろいろチャレンジしていきました。

尖るのはデザインではなく素材やシルエット

木下　そこから商品の作り方とかやり方も変わっていきましたか？

山田　変わっていきましたね。カジュアルウェアでも日本製である意味とは何かを突き詰めて考えました。例えばTシャツの耐久性のチェックをする時に、普通のアパレルなら1回の洗濯で済ませるところを、首回りがどうなるかとか、縮み具合はどうだとかを20回洗いで確認したりして、そういった過程を全部ネットで公開するっていうのもそうですし、あとはとにかくファクトリエらしいデザインとは何かを徹底的に考えました。前にすごく有名なデザイナーにファクトリエの商品をデザインしてもらったことがあったんですが、デザインが強すぎて全く売れなかったことがあったんです。

木下 個性的すぎて？

山田 個性的すぎて。ファクトリエのお客さんはどちらかというとベーシックなもので品のあるものがほしい40〜50代がメインなので、尖るといってもデザインではなくて、素材やシルエットで尖るようにしました。そういったファクトリエらしさをカジュアルウェアにも投下していったんです。

木下 元々は工場の代行みたいだったものが、コロナ禍以降ぐらいからファクトリエらしいデザインになっていった？

山田 おっしゃるとおりですね。「ドレスコード」ってあるじゃないですか。その時に思ったのが、ファクトリエというコードとは何だ？ということです。つまり**ファクトリエはお客さんに何を約束するのかを考えた時に、工場の個性のあるものを集めたセレクトショップでは、コードが通らないと思ったんです。このコードを通さない限りはファクトリエで安心して買っていただけない**と思いました。じゃあ何を約束するかっていうと、「耐久性がいい」「品がいい」「シルエットが綺麗」「いろいろな使い回しができる」「何かの課題解決をする」という5つのポイントです。このコードをちゃんと通すもの以外はもう作らないようにしようと決めたのが、コロナ禍以降です。

木下　じゃあコロナ禍以前とコロナ禍後でファクトリエってだいぶ変わっていますか？

山田　変わりましたね。

木下　今ってこれまでで一番良い状況なんですか？

山田　そうですね。スーツはだいぶ落ちてしまいましたけど、コロナ禍前よりも売上も利益も上がりました。

木下　すごいな。

山田　いえいえ（笑）。木下さんにもたくさん相談させていただきました。

木下　僕は全く覚えていないですけど（笑）。

3-2

YouTubeの起業リアリティーショーから生まれたヒット商品は、どのように「定番商品」になったのか？

車谷セナ（くるまたに・せな）

TELESAのメンバー。左からラオス（西田拓郎）、車谷セナ、おもち（望月莉奈）、松葉大輝

株式会社TELESA（テレサ）代表取締役
美容系インフルエンサーとして活動しながら、飲食店経営など起業家としても活動。2023年、起業家リアリティショー『Nontitle』に出演し、そこから生まれた株式会社TELESAの代表に就任。経営者として年商100億円を目指す会社のリアルを発信するYouTubeチャンネル『車谷セナ〜年商100億への道〜』を中心としてSNSの総フォロワー数は35万人超。

TELESA

有名YouTuberのヒカル氏、格闘家の朝倉未来氏のコラボ番組、起業家リアリティショー『Nontitle』の番組内で誕生した株式会社TELESA（テレサ）。番組出演者であった美容家兼ビジネスYouTuberの車谷セナ氏をはじめ、ラオス、松葉、おもちというユニークなメンバーが「一本でシャンプー＋トリートメント＋ボディソープ＋フェイスウォッシュ」ができる看板商品『シャントリボディ』を開発し、番組内で事業化した。

この商品は、番組の放送とともに注目を集め、その斬新なコンセプトも手伝って発売直後には順調な売れ行きを見せた。しかし、話題性や共感を中心とした「プロセスエコノミー」の恩恵が薄れるにつれて、売り上げは急激に減少。資金繰りが悪化するなど、事業運営の厳しい現実に直面した。番組の中で描かれた夢とアイデアが形になる瞬間を多くの視聴者が応援していたものの、現実のビジネスの場ではそれだけでは乗り越えられない壁も存在することが浮き彫りとなった。

株式会社TELESAのメンバーたちは、プロセスエコノミーという特性を活かしつつも、それに依存するビジネスモデルから脱却し、独立した事業体としての確立を目指して奮闘を重ねた。

果たして彼らは、どのようにしてこの難局を乗り越え、事業を成長させる道筋を描いていくのか。そのリアルな取り組みについて、彼らの思いや戦略を深掘りしてみた。

メンズ美容を極めた結果たどり着いた独自商品

木下　車谷セナさんは何者かというと、『Nontitle』という、YouTubeのビジネスバラエティって言ったらいいのかな？

車谷　起業リアリティショーですね（笑）。

木下　そうでした（笑）。朝倉未来さんとヒカルさんがやっている番組ですね。その起業リアリティショーに参加されて、その中で作られたのが『シャントリボディ』というシャンプーとトリートメント、ボディシャンプーがこれ一本で済むというアイテムですね。

車谷　あとフェイスウォッシュにも使えます。時短にもいいですし、詰め替えの手間もかかりません。

木下　私自身はその番組にちょいちょいゲストみたいな感じで出ていたんですが、番組の中では絡んでないんですよね。

車谷　そうなんです、実は共演できてなくて。僕自身は元々木下社長のファンで、本もほとんど読ませていただいています。だから木下さんが来られるっていう情報を事前にキャッチした時に、「会わせてください」って番組スタッフに何回も交渉したんですがかなわずで。でもそのあと木下さんが声をかけてくださって。

木下　放送が終わってからお会いしました。

車谷　はい。「ご飯一緒に行きませんか」っていうお誘いをいただいて。これ、その時いただい

シャンプーとトリートメント、ボディシャンプー、フェイスウォッシュがこれ一本で済む『シャントリボディ』

たボールペンです。

木下　おお、ちゃんと持ってくるなんて素晴らしいですね（笑）。大事にしていただいてありがとうございます。そこから定期的に情報交換させていただいています。ちなみに僕も『シャントリボディ』使っています。

車谷　わあ、うれしい！

木下　1回使うと生活を元に戻せないんですよ。でも『シャントリボディ』を作ろうとなったのは、どんな流れだったんですか？

車谷　今もそうですが、起業する前は主に「メンズ美容」のインフルエンサーとして活動していたこともあって、メンズ美容を広めるのを手伝ってほしいというオファーをいただくことが多かったんです。でも、メンズ美容を広めるのは難しいだろうなといつも思っていたんですよね。というのもメンズ美容と身だしなみって全然違うものなんですが、ここが一緒くたにされているなと思っていて。

木下　どう違うんですか？

車谷　ジェンダーレスって最近の風潮でもあると思うんですけど、メンズ美容ってジェンダーレスに近いんです。一方で身だしなみというのは、わかりやすい例が木下さんみたいな、一定のお年を召されていても清潔感に溢れていて、この人できそうだなと思わせる見た目というか。

木下　匂い対策とかも？

車谷　そうですね、それも身だしなみですね。当時はこれらも「メンズ美容」に含めてしまっていて、身だしなみに気をつけている人に対しても「今後はBBクリームやるでしょう」とか「リップ塗るでしょ」みたいな訴求をどこもしていたと思うんですが、ここってズレているんですよね。身だしなみに気をつけている人に広めようとしても無理だよなと。そこにすごい違和感を覚えていました。

木下　メンズ美容と身だしなみは違うものだと。

車谷　そうです。自分自身が本当のメンズ美容をやっている人間で、その最前線を走っていたと思っているんですが、正直、メンズ美容って面倒くさいんですよ。スキンケアにヘアケア、どれも手間も時間もかかる。本音では、そこに時間をかけるよりも仕事に時間を使いたい。もっと楽にできないのかなといつも思っていました。「メンズ美容を一番頑張っているような人たちが欲しい商品は、身だしなみに気を使っている人も欲しいのでは」という仮説もあって、それがシャントリボディに繋がっています。

木下　シャントリボディのコンセプトって、ある意味「手抜き」にも受け取れるじゃないですか？　そうじゃなくて、**メンズ美容を極めた結果このコンセプトにたどり着いた商品である**というのはポジティブに受け取れますよね。

車谷　さすが……僕が長々説明したことを、見事にワンフレーズで！（笑）

自社YouTubeチャンネルから新規顧客を獲得する方法

木下　番組発のブランドということで、プロセスエコノミー的なファンもたくさんいらっしゃると思うんですけど、その後に『令和の虎』（「令和の虎」通販版 Tiger Funding）に出て、さらにブレイクされましたよね。この辺の流れについて教えてください。

車谷　正直に申し上げると、２０２３年に初めて食事に連れていっていただいた時は、資金がショートしそうなタイミングでした。もちろん無駄遣いしたわけではなく、最初の製造ロットが大きくて、資金繰りがうまくできなかったんです。どうにか頑張って自社のYouTubeを伸ばす努力をしたり、伸ばすだけではなくて、どうしたら購入に繋がるのかをずっと検証していたんですが、そのタイミングで『令和の虎』からオファーをいただいて。受けるかどうかも迷ったんですが、呼ばれたものには全部出ようと覚悟を決めて出演しました。

木下　出演後に番組のサイトで商品を販売するという仕組みでしたっけ？

車谷　はい、そうです。虎たちが認めた商品を販売する仕組みですね。

木下　そこでいくらぐらい売れたんですか？

車谷　３０００万円ぐらいです。

木下　その前はどれくらいだったんですか？　『Nontitle』の時はクラウドファンディングをしていましたよね？

車谷　そうです。あの時は２０００万円ぐらいしか売れていませんでした。その後『令和の虎』の動画１本で３０００万円ぐらい売れたんです。出演した時に言われたのが、「この商品がクラウドファンディングで２０００万円しか売れてないってことは、それがこの商品のポテンシャルじゃないですか？もう市場が答えを出してませんか？」とか「こんなものは必要ないんですよ」とか、結構辛辣な意見で。でも自分たちがちゃんと訴求して本当の価値が伝われば必死に伝えました。それが伝わったのか、ちゃんと商品も売れて、そこからのリピート率がとんでもなく高いんです。本当の意味で市場が答えを出してくれたというか。

木下　それまでは**プロセスエコノミー的な見え方が目立ちすぎて、本当の商品の価値が隠れてしまっていた**んでしょうね。『令和の虎』では商品の価値だけで勝負できたから良い結果に繋がったと。

車谷　はい、そう思います。ほっとしました。プロダクト自体の価値を証明できたことにも、資金繰りの面でも。

木下　『令和の虎』に出て一気に売れるじゃないですか。その後、定期購入もあると思うんですけど、一方で新規の集客はどうしていたんですか？

車谷　僕たちはYouTubeチャンネル（YouTubeチャンネル『車谷セナ〜年商100億への道〜』。「年商100億」を目指す車谷氏が代表を務める会社が、他では見られないリアルな人間関係や会社の裏側を配信するドキュメンタリー番組）を持っているので、主にはそこから獲得しています。実はつい先日までYouTubeの内容がエンタメとドキュメンタリーの間で揺れていたんですが、どうすれば見ている人たちが僕らの商品を買ってくれるのかの仮説検証を繰り返して、**ドキュメンタリーに振り切ってから、YouTube経由で新規を獲得できるようになりました。**

木下　なるほど。

車谷　やっぱり**ドキュメンタリーだと、やっている事業であったり、僕自身の考え方だったりへの共感を得られやすい**んです。

木下　先日、松葉君（Nontitleシーズン2に出演した松葉大輝さん。株式会社TELESAの創業メンバー）が会社を辞めるかもしれない的なエピソードのドキュメンタリーをやっていましたね。思わず「辞めるな〜！」って感情移入してしまいました（笑）

車谷　そうなんです。創業メンバーが辞めるって言いだしたのを僕が諭して引き留めたりするスタートアップ企業の姿を赤裸々に見せることで、僕たちが日々頑張っていることが伝わって応援してくれるんです。

木下　YouTubeを見た人がTELESAのページ（自社EC）に行って、ネットで注文しているって感じですか？

車谷　そうです。今はほとんどが自社ECです。

木下 じゃあ広告費もかからない？

車谷 1円もかけていないです。

木下 それはすごいですね。

車谷 現状は広告費をドカッとかけられるほどの余力がないっていう部分もあるんですけど。ただ今後は広告費もしっかり投下してやっていかないと、やっぱここからのフェーズは厳しいなと思ってもいます。

スケールを目指す商品かどうかの判断基準とターゲット像の考え方

木下 ビジネスモデル的に広告費を投下してやるビジネスかどうかは考える必要がありそうです。広告費をかけずに、YouTubeとかSNSである程度の市場を作るとするじゃないですか。でもこれに広告費をかけてブーストしようと思っても、採算が合わない場合があります。イノベーター層にしか売れない商品があって、ここに無理やりマジョリティ層を取り込もうとしても実は採算が合わない場合があるんですよ。だからイノベーター層にちゃんと売れる商品を複数作ることで売上を増やす方がビジネスとして良い場合もある（イノベーター理論／左図参照）。

車谷 今見た感じだと弊社はそっちの場合の可能性が高そうですか？

木下 そのような気はしますね。Ｉ－ｎｅの伊藤さんと**自社サイトで売れるものは「他にない商品」でモールやドラッグストアで売れるのは「他より良い商品」という話をした**んです（第1章

イノベーター理論

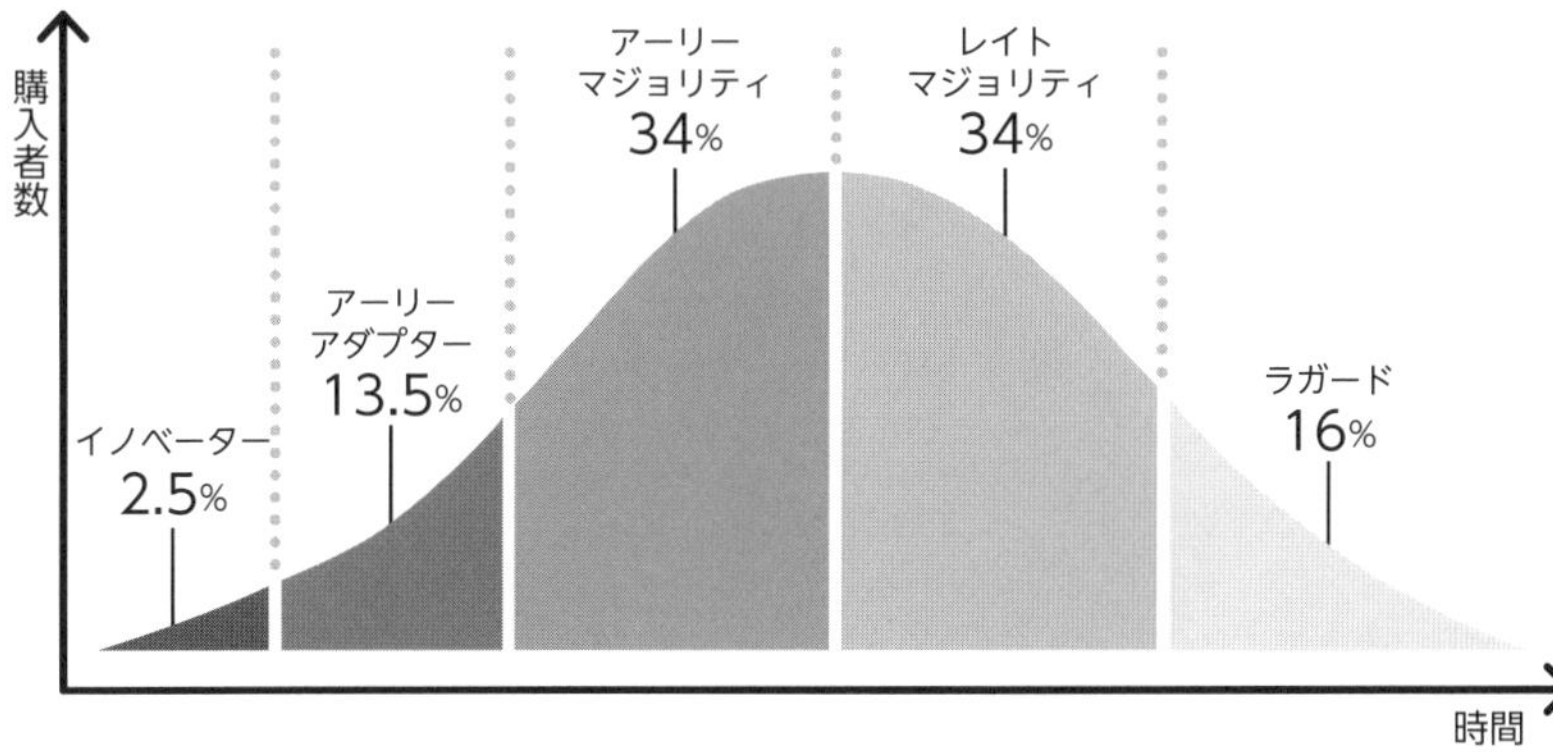

新しい製品やサービスが市場にどのように広がっていくのかを、消費者のタイプ別に分析するマーケティング理論。

イノベーター
最も早く新しい製品やサービスを採用する層。リスクを恐れず、新しいもの好き。

アーリーアダプター
イノベーターに続いて新しい製品やサービスを採用する層。意見リーダーとしての役割も担い、周囲への影響力が大きい。

アーリーマジョリティ
相対的に早い段階で新しい製品やサービスを採用する層。周囲の意見を参考にしながら、慎重に判断する。

レイトマジョリティ
相対的に遅い段階で新しい製品やサービスを採用する層。周囲の意見に大きく左右され、新しいものに対してやや抵抗がある。

ラガード
最も遅く新しい製品やサービスを採用する層。伝統的なものを好み、新しいものに対して非常に抵抗がある。

1-1「トレンド×自社の強み×明確なコンセプト」で大ヒットしたYOLU)。自社サイトで売れる商品とモールで売れる商品は違うんだと。基本的なシャンプーの場合はモールにシャンプーを探しにくる人たちがいるので、その人たちをターゲットにしていく形で売れる。

車谷　そう言われればそうですね。

木下　ただし、モールになってくると、今度はどうしても価格勝負になる。その時にシャンプーってどれだけ高機能にしても上限価格があるんです。そこをどうクリアしていくかというところが課題な気がします。

車谷　価格勝負のところでいうと、この金額感(シャントリボディ400㎖は4620円税込)が妥当なのかっていうのは、まだ答えが出ていなくて。それこそI-neさんのプロダクトは、シャンプーで1500円なんて誰が出すの?っていう時代にそれを出して、今ではそれが当たり前になっていますよね。シャントリボディもそういう形で、今、4620円(税込)するけれども、I-neさんがやっているようにラインナップを揃えていったら可能性はあるんじゃないかと思っているんです。元々のメインターゲット層が、木下社長を目指しているような人なので。

木下　そこは全然違うと思う(笑)。

車谷　僕自身はペルソナではないんですけど、ラオス(Nontitle シーズン2に出演した西田拓郎さんのニックネーム。株式会社TELESAの創業メンバー)がペルソナにかなり近しい存在だと設定していました。ラオスって、木下社長の外側だけを見て真似ようとするタイプなんですよ。その層とかに刺さるなと思っているんです。

木下　ラオスに目指されたくないな（笑）。それは冗談として、僕がこの商品を良さそうだなと思ったポイントって、おもちちゃん（Nontitle シーズン2に出演した望月莉奈さんのニックネーム。こちらも株式会社TＥＬＥＳＡの創業メンバー）が、「これすっごくサラサラになるの」って言ったのを聞いた時なんですよ。**元々髪の毛も綺麗で、普段からヘアケアに気を使っているだろうなっていう女性が「これすごく良い」って言っていたのが響いたん**です。

車谷　そうなんですね。おもちちゃんが言ってて信頼できるなと思ったということですか？

木下　そうです。ユーザーヒアリングはいっぱいした方がいいような気がする。どこが1番ボリュームゾーンになってくるかとかはもっと調べた方がいいですよ。

車谷　まだ精緻なテストマーケティングはほとんどできていないんですが、ただアンケートは事前に取っていて、それを見ると意外と主婦層が多いんです。当初はビジネスマンの中でもちょっと意識の高い方をターゲットにしていたんですが、蓋を開けると、家事・育児で忙しくて時間がない主婦層に結構買ってもらえているんですよね。比率でいうと45％ぐらいが、主婦かどうかまでは断定できないんですが、35〜45歳の女性です。

木下　**1分間の大事さを一番痛感している人って、忙しいビジネスマンじゃなくて育児中の人だった**ってことですね。

車谷　そういうところの知識がなかったので、全く検討もしなかったんですよ。

木下　YouTube のチャンネルから買ってる人って、それも女性の方が多いですか？

車谷　女性の方が多いです。

木下　あの番組はどちらかといえば、男性向きっぽい気がしますけどね。

車谷　視聴者層は7対3ぐらいで男性の方が多いんですが、購入層は女性なんですよね。それはおそらく、女性の方がファンになりやすいというか、応援してくれるというのがあって、それが購入に繋がっているのかなと思っています。男性はコンテンツをコンテンツとして楽しむ方が多いのかなと思っているんですけど。

木下　いや、そもそも女性の方が物を買う（傾向がある）し、男性は迷ったら買わないけど、女性は迷ったら買うっていうのがありますよね。男女比が7対3でも、男性のほとんどは基本的に物を買わない。でも女性は基本的に物を買うので、もうちょっと女性受けするような方向にした方がいい気もします。

車谷　僕が女性ウケするかっていうと非常に難しい……。

木下　でもモテるでしょ？

車谷　……。

木下　まあ、否定しない時点でモテている（笑）。今はずっと売り上げは伸びていますか？

車谷　そうですね、ずっと伸びています。LTV（Life Time Value＝顧客生涯価値。1人の顧客がリピート注文などを経て、生涯にわたって購入する額）もまだ細かい計測ができていないんですけど相当高くて、解約率も初回からでいうと毎回4％ぐらいしか落ちないんですよ。

木下　それはすごい。

車谷　初回定期購入は1年間で19％ぐらいしか落ちていないです。

木下　定期は商品が毎月届く？

車谷　毎月届きます。

木下　じゃあ逆にいうと、12ヶ月続けている人は全体の81％か。それはすごいですね。

車谷　ただ初回の定期購入は（シャントリボディ）１本だけなので３５００円ぐらいですかね。１回使っていただいたら、かなり満足度が高く、木下さんが最初におっしゃっていただいたような「他のものが使えなくなる」と言っていただけることが多いです。

木下　それは生の声とか聞いていますか？

車谷　アンケートと公式ＬＩＮＥで聞いています。とにかくお金をかけずにどうするかが最初にあったので、商品全てに公式ＬＩＮＥのＱＲコードをつけました。問い合わせや解約手続きなども全てそこに一本化していて、全てのコミュニケーションを公式ＬＩＮＥで行えるようにしています。

木下　定期のお客さんは何人ぐらいいるんですか？

車谷　２０００人ぐらいです。

木下　次の商品ももう出していってるんですか？

車谷　ちょっとずつ出しています。ブランディング戦略ってほどの打ち出しではないんですけれど、今後ブランド化していくために、クロスセルメインで商品展開しています。以前木下社長から「１つ大ヒットさせないとブランドなんて作れないよ」ってアドバイスをいただいたので、横展開はしているものの、基本はシャントリボディに注力しています。

第4章

マーケットハック型のヒット商品

多くのメーカーは、まず商品を作り、「どこでどう売ろうか？」と考える。しかし、リアル店舗で売れやすいものとネットで売れやすいものは異なる。価格帯、容量、パッケージなど、リアル店舗とネットでは相場観や求められる条件が大きく違うためだ。このため、大手メーカーがリアル店舗で売れた商品をネットで販売しようとしても、思うように売れないことが多い。その理由は明白である。

ネットでヒット商品を生み出している企業は、そもそも最初からネット向けに商品を開発している場合が多い。また、ネット販売といっても、「Amazon」や「楽天」といったECモールで売れる商品と、自社単独のサイトで売れる商品では特性が異なる。例えば、「Amazon」や「楽天」で大ヒットしている商品が自社サイトではほとんど売れないこともあれば、逆に自社サイトで大ヒットしている商品がＥＣモールでは全く売れないという事例も珍しくない。

「Amazon」や「楽天」で大ヒットを生み出している企業は、これらのマーケットプレイスの特徴をしっかりと把握し、それに特化した商品を開発している。一方で、自社サイトで大ヒットを生み出している企業は、自社サイトでの集客に適した商品を開発している。

今回は、それぞれの代表例としてイルミルドとファーマフーズの２社に話を聞いた。

4-1

「競合よりも相対的に優位に見せる」でECモールを制する緻密な戦略

西俊彦（にし・としひこ）

イルミルド株式会社 代表取締役社長

吉本興業NSC18期生。お笑い芸人活動引退後、イルミルド株式会社のEC事業部立ち上げに参画。2016年ビューティー商材のオリジナルブランドの企画開発とWeb販売事業を立ち上げ。総括責任者としてAmazon、楽天市場を中心としたECモールの戦略設計、CRM、組織強化などを図り、立ち上げから4年間で年商52億円の売上を達成。2019年楽天市場ショップ・オブ・ザ・イヤー獲得。2023年Amazon販売事業者アワード受賞。

ALLNA
ORGANIC

元吉本興業のお笑い芸人という異色の経歴を持つイルミルド株式会社の社長である西俊彦氏は、化粧品業界において革新的なビジネスモデルで注目を集める経営者である。同社は、Amazonや楽天市場での販売に特化したオーガニック化粧品ブランド『ＡＬＬＮＡ ＯＲＧＡＮＩＣ（オルナ オーガニック）』、男性向けコスメブランド『ＨＭＥＮＺ（エイチメンズ）』、美白用化粧品『ＷＨＩＴＨ ＷＨＩＴＥ（フィス ホワイト）』など、多彩なブランドを展開している。これらのブランドは各ＥＣモールで高い評価を得ており、２０１８年には化粧品分野で資生堂を抜き、Amazonにおける年間売上１位を獲得する快挙を成し遂げた。

西氏との出会いは、当初彼から「自社サイトでの販売方法を教えてほしい」と連絡があったことがきっかけである。しかし、彼の会社の状況を詳しく聞くうちに、むしろ「Amazonでの販売方法を教えてほしい」という話になり、最終的には私が彼にコンサルティングを依頼するという、まさに「ミイラ取りがミイラになる」といった展開から関係が始まった。

今回は、改めてAmazonや楽天市場で売れる商品の開発について、西氏に話を聞いた。

「Amazonで売る」のではなく「Amazonで売れる商品を作る」

木下　西さんは元吉本の芸人ということで、今回は笑いをドッカンドッカン取っていただけると。

西　やめてもらっていいですか（笑）。今はもうそんなに笑いは取れなくて、ECの方で売上をドッカンドッカンと取っているということで、お手柔らかにお願いします。

木下　西さんと僕が知り合ったのが3〜4年前？

西　そうですね。コロナ禍の前だったと思います。私たちが北の達人さんのHPの問い合わせフォームから「木下社長に経営のアドバイスをいただきたいです」というメッセージをダメ元で送ったら、その日中ぐらいに「いいですよ」と返ってきたっていうのが最初です。

木下　そのあと逆に、うちが御社にAmazonのコンサルをお願いしたんですね。それでめちゃくちゃAmazonでの売上が伸びた。元々、月に200〜300万円だった売上が10倍以上に上がりました。

西　元々ポテンシャルがある商品だったので、我々が持っているAmazonのマーケティングの技術みたいなものをコツコツやらせていただいた形です。

木下　大感謝です。イルミルドさんがAmazonにめちゃくちゃ強いのはなぜなんですか？

西　いくつか要素はあると思いますけど、**価格もブランドもデザインも全てAmazon・楽天などのモールで成果が最大化するように徹底的に設計している**、ということにあると思います。

オーガニック化粧品ブランド『ALLNA ORGANIC（オルナ オーガニック）』

木下　商品を作ってAmazonで売ろうじゃなくて、Amazonで売れるものを作ろうと。

西　そうです。なので、**ベンチマークするにもAmazonの中にいる競合を見ますし、カスタマーレビューのリサーチも特にAmazonの中のユーザーのレビューを細かく分析します。**あとは商品開発とセールスの部分ですね。例えば弊社のブランドの『オルナ オーガニック』の場合、成分やデザイン、品質にしっかりコストをかけることで、デパコス（デパート・百貨店に出しているようなハイブランドコスメのこと）や美容室で使われるような４０００〜５０００円の高単価シャンプーに負けない質の高さにこだわっています。そして、それを続けられやすい価格で出しているというところがポイントだと思っていまして。Amazon・楽天といったプラットフォームをお借りしているので、もちろん手数料はかかるんですが、このようなモールはお買い物顕在層、つまり、買いたい直前の方が来るところなので、本来はこちらが無理に売らなくてもいいんです。そこまで引っ張るような広告をかけなくても、価格がフィットしていればわりとすぐ売れるので、原価は高くても販管費とか流通費とかを思い切り省けるので、高品質だけど適切な価格というか、これやったら毎月買えるよねとか、これやったらふんだんに家族で使えるよね、みたいなものができているのがリピートに繋がっていたり、購入に繋がっていたりする本質的な部分かなと考えています。

木下　百貨店とかって、間の百貨店の手数料もあり、卸の手数料もあり、どうしても原価に対して売価が高くなるんですよね。中間流通コストが低い分、同じような原価をかけても安く提供できているということですね。

西　そうです。そこが1つと、あとは**狂ったようにAmazon・楽天に特化したセールス施策をしています**。今はできないんですけど、例えば、Amazonをスマホで見ると商品が並びますよね。その時メイン画像が魅力的かどうかでクリックするかどうか判断されると思うんですけど、競合より自社の商品の占有面積を2ミリでもいいから大きくするようなことをしたりしていました。例えば商品のタイトルを2行じゃなくて3行にすると2ミリ広くなるとか、そういうことってあるじゃないですか。クーポンをつけるとまた2ミリ増えるとか、プライムマークをつけるとまた2ミリ増えて全部やると競合さんより2倍ぐらいうちの方が専有面積が広いのでクリックされやすいとか、そういう細かい施策を徹底してやっています。これは一例ですが、そういう地味なことを全部やっていてそれが積み上がると選ばれやすくなる、というのはずっと大切にしています。

木下 自分らよりも工夫しているところはほぼないと思えるぐらいやっている？

西 そうかもしれません。

勝ちパターンは「いかに相対的に魅力的に見せるか」

木下 Amazon・楽天での勝ちパターンとかあるんですか？

西 プラットフォームってカテゴリーやキーワードで検索されて、その検索結果が画面に表示されますよね。ということは、競合と横並びに出るじゃないですか。なので、すごく意識しているのは、**自社の商品が相対的に魅力的に見える状態にすること**です。相対的っていうのは、**Amazon・楽天の中にいるそのカテゴリーにベンチマークしているSEOや広告に表示される競合、それらと自社の商品が並んだ時に、どうすれば自社の商品が魅力的な状態に見えるのかを考えて、価格・デザイン・タイトルはもちろん、物流面での施策も含めて、全部積み上げて実行していきます。**パッケージのカラーに関しても、カテゴリーやキーワード検索の結果、競合に明るい色合いの商品が多い時はあえてちょっとシンプルで暗いデザインにすると相対的に目立つとか、あらゆることを想定して作っています。

木下 検索して、類似商品がいっぱい出てくる時の考え方って2つあると思っていて、1つは他がみんな黒だったら白にして差別化を図るっていうのもあれば、あえて同質化させて何分の1かの確率で買ってもらうっていうのもあるかなと思うんですが、それはどっちが良いってあるんで

アテンションシールの貼られたオルナオーガニックの商品

すか？

西　私の経験ではやっぱり**同質化ではなくて差別化とか異物感とか、相対的に目立っているから思わず目が留まってしまうみたいな方がいいんじゃないかな**と思います。

木下　たまたま何かで聞いたウコンの話なんですけど、「ウコン」で検索するとズラーっとウコンの商品が出てきます。で、大体ウコンのパッケージって赤・黒・黄色が大半で、かつガリバー的な存在のウコンのサプリがない。その中から見ている人がどう選ぶかというと、一旦王道以外の色のものを除外してから、王道の中から1つを選ぶというんですよ。つまりそれは同質化した方が売れやすいって話なんです。ただ、御社の視点からだと差別化を図った方が売れるということですよね。

西　今のお話のように、カテゴリーとかユーザーの購買の心理によってはそうとも限らない時はあると思います。アテンションシールってあるじゃないですか。例えば今 Amazon の中でよく他のメーカーさんがやっているのが、メイン画像にアテンションシールを貼った商品を出すということがありますね（写真参照）。**Amazon ってシンプルな商品画像だけしか掲載できないんですけど、それだけで訴求するのは難しいので、あえてアテンションシールを貼った商品画像にするんです。それでＣＴＲ（クリック率）が１・３倍に増えた**という話も聞いているので、何かしら見ている人の心理が動くような工夫っていうのは重要なポイントになっているのかなと感じます。

ブランドに一番大切なものは「熱量」

木下　新しいブランドを今からやるとなったら、どんな手順で何を重視してやっていきます？

西　今２００商品ぐらいあるんですが、当然その裏ではたくさん失敗していて、そこから確実に言えるのは、**作り手の盛り上がりや感情、情緒的な部分が一番大事だ**ということです。もちろんここまでに話したような、相対的に魅力的に見える状態を作るといったことやマーケティングから得たデータとかも当然大切なんですが、**「よし、このブランドやったらいけるぞ」っていうマインドが本当に大切だなと。**

木下　何かそう考えるきっかけがあったんですか？

西　少し話が変わるんですけれども、僕たちって初年度の１年間で１００商品開発して、ほとんどがうまくいったんですよ。でもその2〜3年後、2周目でさらに100商品出した時にほとんど失敗したんです。これにはいろいろな要素があるんですけれども、最も大きな要因は熱量だったと思っています。1周目の時は初めてのチャレンジだったこともあったのでみんなの温度感も高く、情熱込めて開発にもめちゃめちゃ時間をかけて作ったんですけど、2周目はある程度パターン化された上でやってしまったみたいなところがありました。その時に、**もしかするとブランドへの愛情や熱量といったものが、商品のクリエイティブとかSNSの運用といったあらゆるところに反映されて、その温度感がそのままお客様に伝わってしまったのかなって思ったんです。**その後、今から2年前くらいからの取り組みだったんですけど、3周目の商品開発をして、この時は本当に僕らも納得いくような形で、「これやったら絶対いける」って感情にメンバー全員がなってからGOしたら、全部うまくいったんですよ。

木下　思い入れの部分ってどこに差が出てくるんですかね。実際にお客様が画面を見たところの差になってくるとか。

西　その点もそうですし、品質とかにも出てくると思うんですよね。というのも、それこそ思い入れや熱量が高ければ高いほど、何回も試作をやり直すくらい徹底的にこだわりますし。あとは広告担当者とかのCPO（Cost Per Order／新規顧客1人に商品を注文してもらうために発生した広告コスト。100万円の広告費で100人が注文するとCPO1万円となる）をチェックする目線などへの影響もあるだろうし、「もっとこうした方がいいんじゃないですか」みたいな提案も、メンバーの熱量が高い方が出てくるのかなと思います。

木下　作る時にこだわりがあればあるほど、そのこだわりをわかりやすいように伝えようと努力するし、成果が出ていなかったら「成果出ないわ」じゃなくてもう1回伝えようと頑張るとか、そんな感じですかね？

西　その通りですね。

Amazon、楽天でやったら必ず売れる極秘テクニック3選

木下　**これをやったらすぐ成果が出るぞっていうAmazonのテクニックを3つ教えてください。**

西　1つはモール内**SEO（検索結果上位対策）を意識した広告投資をしましょう**ということです。単品通販のメーカーは獲得CPOがあってLTVがあって、そこから逆算して広告投資をされると思うんですけど、**特にAmazonは考えが別で、投資の対価としてLTVよりもSEOに期待値を持っているんです。単発で広告を獲得して評価するのではなくて、広告で獲得したコンバージョンがSEOにどう反映されているのかを意識しながら広告を投資するということです。将来的にSEOが上がって、オーガニックの売上がいくら入ってくるっていう部分の期待値を見ながら広告投資すれば、一定期間潜るような投資もできるっていう。**この考え方はすごく大切だと思うので、それを意識した投資をすると一気に戦い方が変わってきて、SEOが取れて売上が上がるという循環が作れると思います。

木下　広告を出し、広告によって売上が上がり、売上実績ができたことによってモール内検索の

検索結果で上位に表示されると。それによって広告費のかからないオーガニックの売上が上がりやすくなるということですね。売れたことによって検索結果が上がるまでってどれぐらいのタイムラグなんですか？

西　早ければ4日〜1週間ぐらいで上がってきます。短期的な評価とSEOの評価と、中長期の部分もあるので、短期的だとすぐに下がってきたりするんですけど、短い期間では1週間ぐらいでも反応はあります。そこからコンバージョン数を増やし続けることができれば、さらに売れるというサイクルを回せるので、盤石になっていきます。ビッグキーワード1つだけではなくて、ミドルキーワードや複合キーワードも含めてどんどん根を張っていくイメージで、これが1〜3年続くと、なかなか揺るがない状態に持っていけますね。ただ、まずは短期的なSEOを1週間ぐらいを目安に回していくことが大切で、我々も新商品の時はわりと短い単位でチェックしていきます。

木下　これ実は、我々がコンサルを受けた時に教えていただいたことなんです。**広告費をかけました、広告から売上が上がりました、でも単体では赤字だと。けれども翌月に、検索結果が上位にくることでオーガニックから来た注文が元の検索順位の時からどれぐらい増えたかを見る。広告から直接売れたものとSEOが上がったことによってオーガニックで売れたものの個数を出して、1個あたりのCPOを出すと採算が合っている、**みたいなスキームを我々も作ったんですね。これでいくと安心して回せるんですよね。

西　そうなんです。

木下　あと2つお願いします。

西　地味で当たり前なんですが、**メイン画像を魅力的に作り込むこと**ですね。売上を上げる要素って全部集めると100とか300とかあって、もちろん全て大切なんですが、その中でも特にインパクトが大きいのはメイン画像だと思っています。**よりシズル感があるように見せるとか、より競合より魅力的に見せるとか、立体的に見せるとか。写真撮影やABテスト、メイン画像への投資は惜しみなくやり続けて一番良いものを持ってくる。それによってCTRが1・2倍アップすれば、売上も1・2倍になります。**

木下　御社が絶対的にやっているけども、意外と他社はやっていないようなメイン画像の工夫ってありますか？

西　ABテストの頻度ですかね。

木下　メイン画像のABテストですか？

西　そうです。Amazonにそういうエーテストのシステムが入って、以前よりも精度の高いABテストができるようになっています。発売から時間が経つと、競合の顔ぶれも変わってくるので、常にメイン画像の相対的な見え方はチェックしています。**そこで少し光の当て方を変えるだけでもCTRが向上することもあるんですね。**だからどの会社よりもメイン画像の差し替えの回数などは多いかもしれません。

木下　じゃあ最後3つ目、すごいのお願いします。

西　すごいの……（笑）。**単品での売上を上げるよりも、ブランドでコミュニケーションを取**

るということですかね。それができているのが弊社がうまくいっている要素の1つでもあると思うんですけど、シャンプーを作ってカテゴリーでベストセラーになった時、そこからの派生でヘアオイルやヘアミルク、ヘアウォーターを出したりとか、ブランドとしてのラインナップを広げていくことで、広がりが出せています。**1つ突き抜けた商品が出たら、その派生系のプロダクトを隙間なく出すということを絶対にしています。派生で出したアイテムが突き抜け、今度はこっちが入り口になって元の商品に戻ってきたりする。そういった循環が大きくなるのは、Amazonや楽天といったモールの特徴でもあるので、ラインナップ展開は非常に重要です。**

木下　単品通販系はブランドが活きない場合が多いですけど、Amazonや楽天だとブランドによってクロスセルが起きやすいということですね。ブランド戦略は自社サイトとは全く違いますよね。

西　木下社長も「ブランドを立てていくのか」それとも「プロダクトを立てていくのか」って問いをXとかでもよくポストされていますよね。

木下　自社サイトだとモノを買うところの構成があまりクロスセルが起きやすい形になっていないので、ブランド戦略がそんなには効かない印象を持っています。一方で定期購入は圧倒的に自社サイトが強いじゃないですか。**定期購入が起きやすいのは自社サイトで、クロスセルが起きやすいのはモール**っていうイメージですね。

西　最近は楽天の中でもクロスセルがかなり回っていて、好調なんですよ。楽天に関してはブランドを扱っている「ショップ」にお客様がついているイメージがあります。「次の新商品楽しみにしています」とか、ポジティブなレビューがどんどん増えていて、年々新商品をローンチした時の立ち上がりがすごく良くなっているんです。ブランド展開がうまく効いてるのかなと感じます。

木下　ありがとうございます、3つ全部教えていただきました。これを読んだ人は売上ドカーンってなるんですね。

西　そうだと嬉しいですね（笑）。

4-2

ラジオ・テレビ通販の会社がヒット商品開発＋Web導入で売上80億円から約700億円に急成長

株式会社ファーマフーズ

益田和二行（ますだ・かずゆき）

株式会社ファーマフーズ 専務取締役

1976年7月8日生まれ。2003年に株式会社ファーマフーズ研究所（現株式会社ファーマフーズ）に入社。その後、同社の営業部課長、取締役、営業部部長兼京都営業所所長、通販事業部担当などを兼任。現在は株式会社ファーマフーズ 専務取締役のほか、株式会社ファーマフーズコミュニケーションの代表取締役社長、株式会社フューチャーラボ、株式会社メディラボの代表取締役社長を務める。

ファーマフーズは、21日間温めるとひよこになる鶏の卵から、生命の創造や維持に必要な成分を抽出し、生命活動と健康維持に関わる機能性素材を開発する企業として誕生した。同社は、独自に開発・生産した機能性素材を他企業に卸すだけでなく、その素材を活用した自社商品の製造・通信販売を展開することで、年商80億円からわずか3年で約700億円へと爆発的な成長を遂げた。

特に、ひよこに着目して開発された育毛剤『ニューモ』は、累計売上1400億円を超える通販業界の象徴的なヒット商品となった。また、ニューモ以外にも、まつ毛育毛剤の『まつ毛デラックス』、ホワイトニング歯磨きの『DRcula（ドクターキュラ）』、子会社・明治薬品が手掛ける機能性表示食品『シボラナイト』など、誰でも一度は目にしたことがあるようなヒット商品を次々に生み出してきた。

このようなヒット商品の開発手法について、ファーマフーズの通販責任者である益田和二行氏に話を聞いてみた。

ほぼラジオとテレビ通販だけで年商100億円

木下　益田さんとは2018年頃に初めてお会いしていて、それからのお付き合いですね。

益田　そうですね。そのころは木下さんに一度お会いしたいということで何度も電話でアプローチしましたが、なかなか繋いでいただけず、最終的にお手紙を出したら、「では一度会いましょう」とお返事いただけてようやくお会いすることができました。

木下　そうでしたね。そのころのファーマフーズさんの年商って80億円ぐらいでしたよね？そこから150億円、460億円、680億円と急成長されているという。大飛躍のきっかけが育毛剤の『ニューモ』の大ヒットという認識で合っていますか？

益田　そうですね。売上が大きく伸びたのはニューモがきっかけです。

木下　累計いくらぐらい売れてます？

益田　本社に行くと何本って書いてあるんですけど、2800万本って書いてありました。

木下　1本平均いくらですか？

益田　平均すると大体4500～5000円ぐらいですかね。

木下　ということは、1300～1400億円ぐらいは売れてそうですね。ニューモはどういう経緯で生まれたんでしょうか。

益田　実はファーマフーズという会社は卵の研究を創業以来ずっとしている会社でして、卵の成分を取り出して健康食品や化粧品に応用するといったことを事業にしています。以前からうち

ひよこの発毛成分を活用して
開発された育毛剤『ニューモ』

の代表の金（株式会社ファーマフーズ　金 武祚社長）が「商品1つで会社ができるぐらい育毛剤の市場は大きい」と言っていたんですよ。そうしたら、たまたまこれっていう成分が見つかって。人で試験をしてみたら「これは効くぞ」という確信に変わって、ニューモという商品が誕生しました。我々の一番最初の商品はタマゴサミンというサプリメントで、第2弾がニューモです。

木下　最初に自社で商品を作って売り出した時は、インターネット通販とかですか？

益田　実はラジオなんですよ。ラジオ通販をやり始めて、そのあとで新聞とかです。

木下　何でラジオだったんですか？

益田　テレビ通販は制作費も放送費も高いじゃないですか。チラシなどの紙通販も最大枚数が5〜10万部とかだったので、僕らにしては高かったんです。

木下　ラジオで出して、いきなり売れたんですか？

益田　最初は全く売れないんですよ。注文の電話がかかってこない。何がいけないんだろうって試行錯誤しながらやっていくうちに、ＣＰＯでいうと最初5～6万円だったものが3万円から2万円になり、これはいけるやろなっていうやり方が出てきて、それをベースに作るようになったら安定して売れていきましたね。勝ちパターンを見つけるまでは半年ぐらいはかかったと思います。

木下　そこからドカンと売れたきっかけって何かあるんですか？

益田　やっぱりテレビＣＭです。忘れもしないですけど、私たちにとってのテレビＣＭの2本目が、ワイドショーの中で2分か3分スタジオでやる生ＣＭだったんですが、そのコストが当時80～90万円ぐらい、僕らの広告予算って月に３００～４００万円ぐらいでやっていた時なので、それはもう１００件ぐらいは注文の電話が鳴ることを期待していました。その時はコールセンターもなかったので従業員に電話の前に張ってもらっていたんですけど、2件しか鳴らなかった。そのうち1件はキャンセルの電話だったので、事実上、生ＣＭからの電話は1件。それが今までの最高ＣＰＯなんですけど（笑）。

木下　ＣＰＯ80万円（笑）。

益田　まあそれはいいんですけど（笑）、そんなことがあって改めて「テストは必要やな」っていうのがわかった。ラジオも月の広告予算で３０００～４０００万円ぐらいまでやっていたんですけど、そこからはそれ以上広がらなかったので、テレビだと3～5倍ぐらいは市場が広がるだろうということでやり始めたんです。年商でいうと100億円にいくぐらいまではほとんどWeb広告とかはやっていませんでした。

インフォマーシャルで注文が殺到し初めてWebに進出

木下　今はWeb、テレビ、ラジオの比率ってどんなものなんですか？

益田　大体Webが半分ぐらいで、あとはテレビ2、紙1、ラジオ1くらいですかね。

木下　Webにはどれくらいから進出しました？

益田　売上が120〜130億円から450億円になったくらいです。ちょうどコロナ禍の時で、コロナの影響で広告規制がかかって全てのテレビCMがキャンセルになったと。ちょうど2020年4月に緊急事態宣言が初めて出されましたが、その4月末ぐらいに、広告業界が本当に大変だという話を聞いて。昔からお世話になっている九州の広告代理店の方から「益田くん、困ったことがある」と連絡が来て、どうしたんやって言ったら、「テレビCMがキャンセルになっている。ちょっと安くするからCM枠を買ってくれ」って頼まれたんですよ。それが売上が100億円を超えたぐらいの時です。いくらなんですか？って聞いたら「全部で40億円ぐらいある」って言われて。

木下　40億円ですか。

益田　1回社長と相談するわって言って、すぐ社長のところに行って相談したら「それ（相場に

（笑）。「そしたら買わなもったいない」と。ちょっと迷ってたら「お前ビビってるんか」って言われて比べて）安いんか？」って聞かれたんですよ。全部は精査してないけどめっちゃ安いと伝えたら、

木下 それまでは年間で広告費いくらぐらい使っていたんですか？

益田 50～60億円ですね。で、他に取られたらあかんなと思ったので電話したのが、5月の連休前で、そのテレビCMが本格的にスタートしたのが8月からだったんですけど、あんなに電話の音を聞いたのは生まれてはじめてぐらい放送後の電話が鳴り止まないんです。1日に大体1～2万件の注文がくるんですが、とても全部取れないんです。しかも注文もその時はまだ紙でやっていたので、売上はもちろん伸びたんですけど、多くのお叱りをいただきました。電話で注文を取るのって限界があるとその時初めてわかりました（笑）。

木下 インターネットっていう便利なものがあるぞと。

益田 2020年になって初めて文明に触れたというか（笑）。

木下 2020年頃ってもともとWebもやっていましたよね？

益田 やっていたんですけど、そんなに力を入れていたわけじゃなくて。

木下 その40億円の枠っていうのはインフォマーシャル枠（商品やサービスに関する情報をテレビで紹介する通販CMの一種）ですか？

益田 インフォマーシャル枠です。

木下 僕らもそのレベルってなかなかやったことがないからわからないんですけど、**同じ商品の**

インフォマーシャルをバンバンやると、見ている方も疲弊するという現象が起きるじゃないですか。一方で、たくさん売れていくことによって認知が拡大されてCVR（Conversion Rate／コンバージョン率。広告を見た人が実際に商品を購入したかどうかを示す割合のこと）が上がっていくこともあると。その辺はどんな感じだったんですか？

益田　これはテレビCMをずっとやっていた経験から言えるんですが、**疲弊って量じゃなくて期間だと思うんです。半年ぐらい経つとちょっとやっていようが、どデカくやっていようが疲弊するる**んですよ。

木下　逆にいうと半年間はどれだけ大々的にやっていても問題ない？

益田　全然疲弊しないです。これは僕の経験なのでみなさんは真似されない方がいいと思いますけど、認知度は間違いなく上がります。

売れる商品のネーミング

木下　そこからWeb中心に移行されて、『シボラナイト』とか『DRcula（ドクターキュラ）』とか『まつ毛デラックス』とかどんどんヒット商品を出しているじゃないですか？これはどうやって作っているんですか？

益田　うち独自の素材や原料があって、ある程度のマーケットがある市場だったら「勝てる、やろう」という軽い考えです。差別化が原料とかによってできるので、マーケティングのプロがいるとか、こういう戦略で商品作ったんでしょ？って言われても、ちょっと違うんやけどなってなってしまう（笑）。そこから商品名を全社員から募集して決めるんですが、名前が面白いなと思うと売れる。

木下　決めるポイントって何かあるんですか？

益田　バカにしたようなネーミングだけは絶対あかんよねとか、パロディは面白いけどパクリはあかんとか。メンバーのみんなが「めっちゃおもろいやん」って笑ったりとか、第三者の方にこういう名前なんやって言った時に「こういう狙いでしょ」って言われないような名前にしています。

木下　どういうことですか？

益田　例えば「DRcula」って何から取ったかわからないじゃないですか。ホワイトニングジェルなのでculaってキラキラのculaだと思うじゃないですか。だけどパッケージを見るとDR CULAって書いてある。「DR」プラス「ダイヤモンド」で「CULA」なんです。あれ実は「ドラキュラ」から取ったんですよ。ドラキュラって歯が綺麗なイメージ。あとDoctor（Dr.）って書いたら（薬機法における広告表現規制により）ダメなんです。

木下　正式名称は「DRACULA（ドラキュラ）」？

益田　DOCTOR CULAなんですけど、パッケージには「DR」＋「Aの文字に見えるダイヤモンドのイラスト」＋「CULA」って書いてあります。

木下　なるほどなるほど。

益田　誰が見ても一発目にはドラキュラから取ったよねってわからないじゃないですか。聞いた時に「そうなんや」ってなる。木下社長がほかの人に「DR CULAの意味知っとるか？」とおっしゃることはないと思うんですけど（笑）、誰かに話したくなるようなひとひねりが大切です。ストレートなやつは面白くない。

木下　でも『シボラナイト』ってまあまあストレートじゃないですか？（笑）

益田　あれは僕が来る前の商品なんですよ（笑）。M＆Aする前からあった商品なんです。

木下　そうなんですか。

益田　本当にくだらないこだわりですけど、楽しんでやるということが大切です。

木下　あの話、聞いて大丈夫ですか？

益田　全然いいですよ（笑）。

木下　頻尿を抑えるノコギリヤシを入れた成分のサプリメントがあったんですが、この人『CCモレン』という名前を付けたんですね。おしっこが漏れないということで「おしっこ」を「CC（シーシー）」、漏れないを「モレン」と評して「CCモレン」という商品を出して発売したところ、当然のごとく有名メーカーの○○さんからお呼び出しがかかりまして「これは商標侵害をしている」と。

益田　（笑）。

木下　その時「すみません、冗談ですやん」って言ったらしいんですねこの人（笑）。当然、冗談では済まないということで発売をやめてくださいとなった。それで一旦発売をやめようとなって会社に戻ったんだけども、目の前には在庫の山がある。こっそり売ったらバレへんのちゃうか？と思ったみたいで、こっそりまた売ったらすぐにバレて、「あなたやめるって言いましたよね」ってまたお叱りを受けた……っていうことを僕に報告しながら、「あの会社、冗談が通じひん」って言うんですよ（笑）。裁判になってもおかしくない。

益田　だからこんなたくさんの書類が来ましたよ（笑）。今の話には多少フィクションも入っていますので関係者のみなさん怒らないでください。まぁとにかく、みんなが幸せになるような、面白いなと思っていただけるようなものを作るっていうことが一番のテーマです。

特徴が3つあったら売れる

木下　ヒット商品を連発しているイメージがありますが、売れなかったやつとかもあるんですか？

益田　半々ぐらいです。「半々やったらいいじゃないか」ってよく言われるんですけど、僕らとしては全部良い商品だと思っているので全部当てたいんですけどね。

木下　1000億円売れる商品を作ったりとかしながら、売れない商品もあったという中で、益田さんがつかんだ売れる商品の条件みたいなのってあります？

益田　一番わかりやすいのは、**広告代理店やデザイナーの方が「この広告・デザインをやりたい」って言ったやつは大体売れます。それは広告とかデザインを作りやすいからだと思うんです。**

特徴があって、いいなと思うところを可視化できる商品。「何それめっちゃ面白いやん、うちにやらしてほしい」っていう商品は売れるなって思います。

木下　商品企画の際に、代理店やデザイナーさんに意見を聞いたりとかするんですか？

益田　大体一緒に飯を食べている時に「こんな商品を考えているけどどう思う？」と聞きますね。本当に雑談ですね。もう全然隠さないで全部しゃべるし。

木下　めっちゃしゃべりますもんね（笑）。この人、一応同業者なので競合する部分もあるのに自社のデータを勝手に送ってくるんですよ（笑）。

益田　すごいやろって（笑）。

木下　いいんですかこれ？みたいな（笑）。

益田　でもこういった同業の方に、こんな商品があるんやけどって言って、うちもやりたい！なんて言ってくれたら最高の褒め言葉じゃないですか。

木下　広告代理店やデザイナーといった人たちがどういうものをやりたいと思うかが感覚的にわかってきているんですか？

益田　当たり前のことですけど、**特徴のある商品はやりやすいですよね。特徴が3つあったら完璧です。2つあったらそこそこ売れる、1つあっても売れると思うんですよ。だから3つ揃っている商品は売れている**んじゃないかなって感じがします。

木下　あんまり特徴がたくさんあるとぶれちゃうイメージを持っているんですけど。

益田　**広告にする場合は3つ載せるのはダメですよ。だけど3つあると広告も3回打てるんです。**

木下　切り口を変えられるっていうことですね。

益田　そうです。だから３つ特徴を持っておけば切り口を変えやすいけど、１個だと切り口を変えられないじゃないですか。

木下　ニューモだったらどういう観点なんですか？

益田　１つ目は卵のＨＧＰ（Hair growth peptide。卵黄に由来する新しい育毛素材）が入っている点です。２つ目が、男性向けの育毛剤っていうのは多いんですけど、これは女性の方でも使っていただけること。３つ目は、値段が比較的安いことですね。やっぱりメンズの育毛剤ってぶっちゃけ高いんです。１ヶ月に何万円ってかかる商品もありますし、比較するとニューモは若干安い。その３つぐらいでいけば、女性向けに変えたり、卵に主眼を置きながらも値段に振ったり、いろんなことができるので非常にやりやすいですね。

木下　めっちゃいい話聞きました。ありがとうございます。

第5章

急成長ECプラットフォーム

ECプラットフォームといえば、誰もが思い浮かべるのは、大規模なB2CのAmazonや楽天、C2Cのメルカリやヤフオク（Yahoo! オークション）などである。これらのプラットフォームは、統一されたフォーマットで商品を掲載できるため、消費者にとっては全ての製品を同じ条件で比較・検討しやすいという大きな利点がある。その一方で、個性的な特徴を持つ商品や、単純な比較だけでは価値を伝えきれない商品にとっては、そのフォーマットが必ずしも適しているとは言い難い。このような理由から、大規模なプラットフォームとは異なり、特定の商材や独自の販売方法に特化したカスタマイズ性の高い「特殊なECプラットフォーム」が数多く登場している。これらのプラットフォームは、特定のニッチ市場に焦点を絞り、一般的なECサイトでは実現しにくい価値の提供や独自の顧客体験を可能にしている。

今回注目するのは、その中でも特に農業と医療という専門性の高い分野に特化した例である。1つは、農業生産者が直接消費者に商品を届ける「産地直送販売」に特化したプラットフォーム『食べチョク』である。このサービスは、新鮮な農産物を消費者に直接届けるだけでなく、生産者との繋がりを重視した販売モデルを提供している。また、もう1つは「処方せん医薬品のオンライン販売」に特化した『SOKUYAKU（ソクヤク）』である。このプラットフォームは、医薬品という高度な専門性が求められる分野で、スピーディーかつ安心して利用できるサービスを提供している。

この2社に話を聞いてみた。

原体験に基づく強固な意志とマーケティング戦略

秋元里奈（あきもと・りな）

株式会社ビビッドガーデン 代表取締役社長
神奈川県相模原市の農家に生まれる。慶應義塾大学理工学部を卒業後、2013年に株式会社ディー・エヌ・エーに入社。2016年11月に第一次産業の課題に直面し、株式会社ビビッドガーデンを創業。こだわり生産者が集うオンライン直売所『食べチョク』を運営。リリース3年で認知度／利用率No.1の産直通販サイトに成長。2024年12月時点でユーザー数は100万人、登録生産者数は1万軒を突破。

産直通販サイトの『食べチョク』は、全国の農家や漁師などから直接食材が取り寄せられるオンラインのプラットフォームとして２０１７年にサービスを開始。現在では日本全国で約1万もの生産者である農家や漁師が登録、買い手である消費者は約１００万人が登録するＥＣプラットフォームとなっている。

特に注目すべきは、２０２０年から始まったコロナ禍における同サービスの役割である。飲食店の営業停止や外食産業の需要低下によって販路を失った多くの生産者が、食べチョクを活用して新たな販売チャネルを見つけた。その結果、２０２０年3月から5月にかけて月間流通金額は35倍という驚異的な伸びを記録し、２０２１年には年間流通額が数十億円規模に達するまで拡大した。この成長は、単にコロナ禍による需要増加だけでなく、サービスの利便性や生産者と消費者の双方に提供する価値が評価された結果といえる。

なお、産地直送型のＥＣサービス自体は食べチョク以前にも複数の企業が手掛けていたが、いずれも十分な顧客基盤を築けずに撤退を余儀なくされてきた。そうした競合との差別化に成功し、現在も成長を続けている食べチョクのビジネスモデルには、どのような工夫や戦略があったのだろうか。その秘密を探るべく、代表の秋元里奈氏に話を聞いてみた。

価格転嫁のしづらい業種における突破口は「共感」

木下　秋元さんはメディアへの露出なども積極的にされている印象ですが、いつもその「食べチョク」のロゴの入ったTシャツを着ていますよね。何かルールみたいなものがあるんですか？

秋元　たぶん丸7年くらい……、お風呂に入る時以外はずっとこれを着ています。

木下　え、寝る時もですか？

秋元　はい、寝る時もです。一応「上場するまで着る」と宣言して始めたんですが、「上場ゴール」と言われるのも嫌で最近は期限もなくしたので、生きている間はずっと着ているかもしれません（笑）。

木下　マジですか。

秋元　着ないのは唯一結婚式くらいですね。最近はもうおしゃれしたいという気持ちもなくなってしまいました。

木下　もうほぼ皮膚状態ですね（笑）。いや〜すごい。『食べチョク』に懸けている感じが伝わってきます。本題ですが、食べチョクはマーケティング的観点からいけると判断してスタートしたのか、それともご自身の原体験のようなものがあって始めたサービスなのかでいうとどちらですか？

秋元　両方ですが、食べチョクは私自身の原体験が先にあって、そこからマーケティング的観点でも可能性がありそうだと判断しました。私の実家は元々農家で野菜を作って販売していたんで

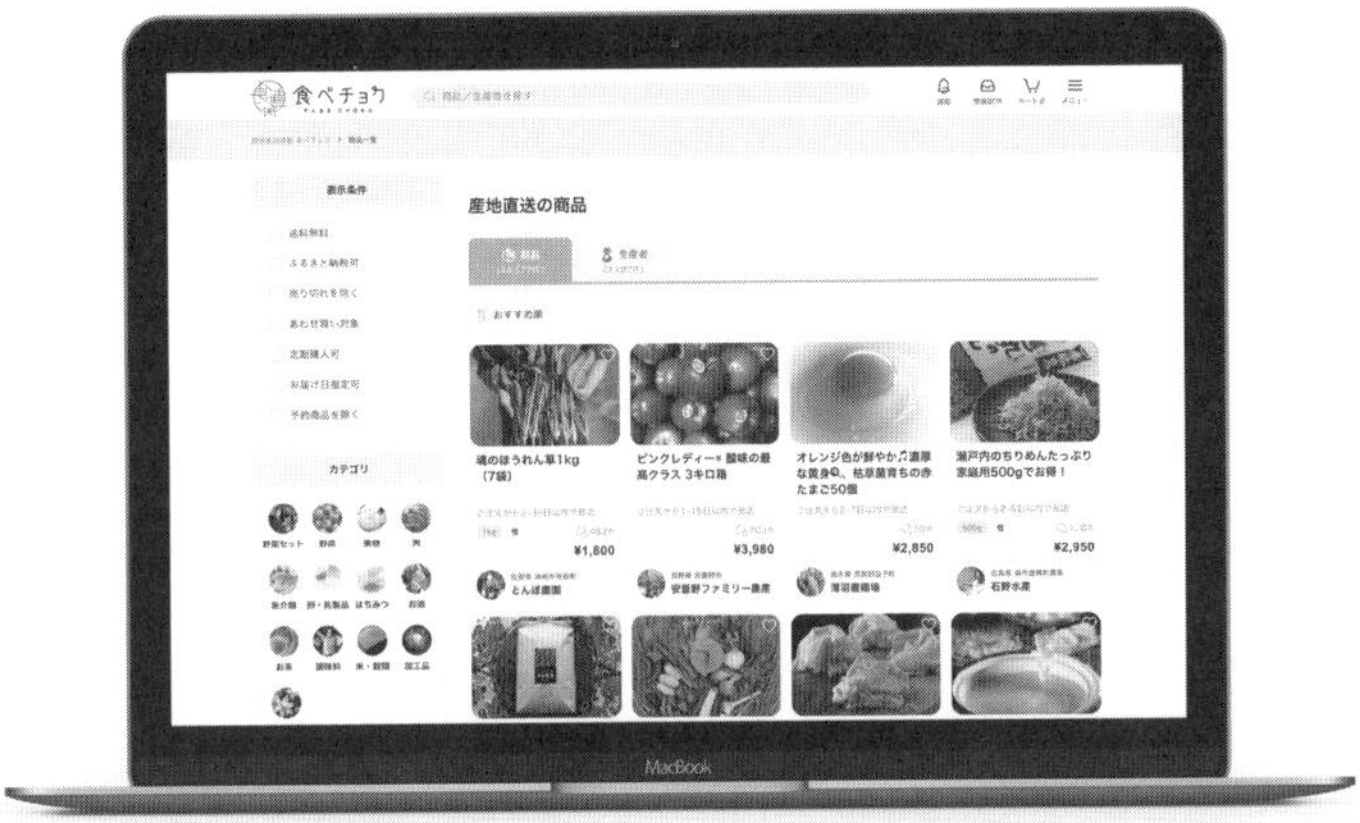

利用率No.1の産直通販サイト。ユーザー数100万人を突破した

すが、中学生の時に担い手である祖父が他界したことがきっかけで廃業してしまって。社会人になって久しぶりに畑を見に行ったら、耕作地がすっかり荒れ果ててしまっていたんです。それを目の前にした時に、丁寧に、丹精込めて野菜を作っている人たちがちゃんと事業を続けられるようにしたいと思ったんです。

木下　農業を続けることが難しいのってどの辺に原因があるんですか？

秋元　理由はたくさんあると思いますが、原材料・生活必需品なので「高価格で売れない」つまり価格転嫁しづらいという点が大きいと思います。「大量に作って、効率よく大量に売る」は成立するけれど「付加価値をつけて高く売る」が成立しづらい。なので、食べチョクは生産者さんが自分たちで値段を決めて高く売れるようにするというコンセプトでスタートしました。

木下　農産物の価格は流通の関係で全部一緒に

なっちゃうんですね。

秋元　そうなんです。基本の流通に乗せると、例えば人参は「何kgで○○円」という基準の金額が決まっていて、あとの要素は基本的に「形が綺麗」かどうかで判断されます。そこに「味」とかその他の要素は関係ないんですよね。味にこだわってコストをかけてもそれを価格に反映できないんです。もちろん食物はインフラですから量は絶対に必要なんですが、**問題はできるだけコストを抑えて大量に作る野菜と、味などの要素にこだわって原価がかかるような野菜が別で流通する仕組みがないこと**なので、その販路を作ろうというのが食べチョクの取り組みです。

退場していった同業者が多い中で「いける」と判断した理由

木下　では事業戦略上で食べチョクがいけると判断した要因はなんだったんですか？

秋元　実は、最初は実家がそうだったので、耕作放棄地のマッチングプラットフォームをやろうとしていたんですが、農家さんの心理的ハードルがすごく高かったので諦めたんです。そこからピボットして今の事業になっているんですが、いけると思ったきっかけは表参道の国連大学の広場で休日に開催されている「青山ファーマーズマーケット」でした。青山ファーマーズマーケットは、私が調べていた当時で1日に1万人以上が毎週来場する大型のマルシェで、そこで売られている野菜は周囲にあるスーパーより高いものが多いんです。でも「隣のスーパーより高くても買う人がこれだけの数いる」、「生産者の顔が見え、その人から直接買える場があれば、ある程度価格が高くても購入する」といったことが、実際にリアルの場で起こっているのを間近で見て、これをオンラインで作れば新しい市場ができるんじゃないかと思ったんです。

木下　北の達人も元々は北海道の特産品を扱っていたのでわかるんですが、生産者の方々ってみんな「うちはこだわっている」って言うじゃないですか。もちろんご本人なりに本当にこだわっているんですけど、深く聞いてもそのこだわりって結構普通だよなとか、わかりづらかったりとか、判断が難しいじゃないですか。食べチョクに登録できる農家のエントリーはどうされているんですか？

秋元　木下さんがおっしゃるようにこだわりって人それぞれなので、初期は農薬と化学肥料の使用量に制限を入れるなどの基準を設けていました。ただ現在はプロとして作っている生産者さんは誰でも登録できるように基準を緩和しています。**生産者の農家さんや漁師さんが自分たちのこだわりを自由にアピールできて、それに共感するファンと繋がれる場にすること**を重視しています。そのため、最近だとリール機能みたいな感じで農家さんが生産現場の動画をアップしたり、思いを語る動画をアップできるような機能を入れています。もちろん食べ物の美味しそうな写真とか、いわゆるEC的な売り方も大事なんですけど、それよりも作り手の思いだったり、パーソナリティだったりを伝える方を重視しています。

木下　なるほど。お客さんは商品そのものだけを見て買う人もいるでしょうし、この農家さんが作っているから買う人もいらっしゃると思いますが、実際どっちが多いですか？

秋元　「美味しそうだから買う」人の方が多いですね。ただそれは入り口で、リピートしてくれる方は「この農家さんから買いたい！」という思いを重視する傾向になっていきます。**「この人から買いたい」が動機になると、リピート率も増えますし、ヘビーユーザーさんになってくると、クラウドファンディングのように応援したい農家さんを探してから買うという人もいらっしゃいます。**特定の生産者さんから複数回買うと通常のレビューではなく「私はこの生産者さんを推しています」という推薦コメントが書ける機能があって、書いたからといって特に何かもらえるわけではないんですが、その生産者さんにずっと続けてほしいという応援を込めて書いてくれるんです。

木下　今はいわゆる評価経済（モノやサービスの価値が、お金だけでなく、人々の評価によって決まる経済社会のこと）みたいなことも言われていますよね。

秋元　はい。ただ、数の経済には巻き込まれないようには注意しています。例えば食べチョクでは多くのショッピングモールにあるようなランキング機能を取り入れていないんですが、**ランキング機能って数が売れたらさらに売れるようになる仕組みで、大規模な生産者にどうしても有利になってしまう**んですよね。サービスを利用してくれている中には大きな農家さんもあるんですが、日本の農家は9割以上が中小規模で、元々食べチョクはその方々に向けて作ったサービスなんです。「そもそも月に100箱しか出せません」といった生産者の方もたくさんいるので、**ユーザーのリピート率や満足度が高い生産者さんが上位表示されて売れやすくなっていく**ように意識して設計しています。

木下　eコマースやネットが普及し出した時から「農家が直接消費者に売る」といったビジネ

スって結構あって、そのほとんどが撤退していった中で食べチョクがやっていけているのは、そういった設計上の部分が大きな要因なんですか？

秋元　実はサービスの検討を開始するまでうまくいっていない事業者がそんなにいるんだということはよく知りませんでした。検討をし始めてから知って、なんでうまくいっていないのかの要因を分析して事業に活かすようにしていますが、どこも苦労していたのが「生産者さんを集められない」という問題なんですよね。だから常に生産者に向き合う姿勢を崩さずに、サービスの設計などを含めてブレないように常に意識しています。実は創業から2年目以降は農家さんへの営業はほとんどしていないのですが、信頼してくださった農家さんがどんどん他の農家さんを紹介してくれて、口コミで生産者側の利用者を増やすことができているんです。それが結果的にはサービスの強みになっていると思います。

食べチョク利用者を増やすマーケティング戦略

木下　販売方法やマーケティングの戦略についてお聞きしたいんですが、サービス自体はどのように広めているんですか？

秋元　現在の流入経路は、**SEOによる自然検索が最も大きくて、特にテレビでの露出からサービス名や商品名を検索される人が多い**ですね。あとはもちろん広告です。SEO対策としては、野菜名や品種名、農家さんの名前など、より具体的なキーワードでの検索に強くて、例えばテレビ番組の『満天☆青空レストラン』で取り上げられた農家さんの名前で検索された際に、当社のサイトが表示されるような仕掛けなどをしています。

木下 広告はネット中心ですか？

秋元 はい、検索広告やディスプレイ広告、ＳＮＳも出しています。

木下 流入で一番多いのはやはりテレビ露出からですか？

秋元 もちろん露出量にもよりますが、テレビでの露出が多い時はやはり指名検索が増えます。

木下 秋元さんが出演して指名検索が増えるということは、結論、そのＴシャツがすごいってことになります。

秋元 そうですね（笑）。Ｔシャツマーケティングですね。

木下 ちなみにそのＴシャツって何枚くらい持っているんですか？

秋元 40枚くらいです。

木下 その40枚で何人くらい集客できたんでしょうね。そのＴシャツのＲＯＡＳ（広告費用対効果）、めちゃくちゃ高そう（笑）。

秋元 そう言われるとＴシャツの効果はすごいですね（笑）。

木下 テレビなどは、どういう露出の仕方をすると良いとかあるんですか？

秋元 一番良いのは、私が食べチョクを始めたきっかけなど、創業ストーリーをセットで伝えるような内容です。以前、有名な番組に**「食べチョクで人気の食材ランキング」のような取り上げ方をしてもらったんですが、無風だったん**ですよ。

木下　そうなんですか。

秋元　これには明確な理由があって、単に「今、○○が人気です！」と伝えるだけだと別に食べチョクでなくてもいいんです。でも例えば「この牡蠣を育てる漁師さんは、毎日海と向き合いながら、本当に美味しい牡蠣を作り出すために情熱を注いでいます」といったように、生産者のストーリーを紹介していただけると、共感してくれた視聴者の方が食べチョクを検索して購入してくれるんです。そうでないと、別に他のモールでもいいとなってしまいます。

木下　ああ、それはすごいわかりますね。うちも昔は訳ありグルメを取り扱っていて、訳ありグルメ自体が注目を浴びた時に結構テレビに出たんですが、**「訳ありグルメで売れているものランキング」とかでテレビに出ても、みんな検索して他で買ってしまう**んですよね。そこから、自社のブランドを作る方向に舵を切ったところがあります。秋元さんも創業ストーリーなどサービスそのものに興味を持ってもらう方向に振っていったということですね。

秋元　はい。でも実はプレゼンとかも含めて人前でしゃべるのが全然得意じゃなくて、本当は嫌だったんですけど、その辺は割り切って私が出て創業の経緯を話すように、会社として意思決定したという感じです。

木下　その勝ち方は真似できないですもんね。原体験があるかないかで大きく違うと思います。

秋元　はい。そこは創業者である自分だからこそできることかなと。

木下　広告やＳＥＯなどの対策ももちろんするけど、自分自身が食べチョクのＴシャツを着て、いろんなところに出ていって創業ストーリーを語るのが集客にも一番効果があるんですね。

秋元　そうですね。ただ、創業ストーリーだけだとなかなかメディアに取り上げてもらえないことも多いので、こちらから企画を持っていったりもします。例えばＳＤＧｓウィークのようなタイミングに合わせて、ＳＤＧｓに関連する商品企画を提案してみたり。

木下　そういう企画ですごくうまくいったなと思うものにはどんなものがありますか？

秋元　ＳＤＧｓのような大きな社会的トレンドに合わせた商品企画でいうと、規格外などの理由で廃棄される可能性のある生産者さんの食材を、取り組みに賛同いただいた企業様に買い取っていただき、食べチョクと共同で非常食を開発して販売するという企画への反響はかなり大きかったです。社会的課題になっている食品ロスという文脈に合わせたものですが、「ＳＤＧｓウィーク」自体は決まった時期・期間があるので、その約２ヶ月前くらいから企画を走らせていました。

木下　面白いですね。逆に失敗した施策はありますか？

秋元　メディアまわりのことではないんですが、プラットフォームのユーザー獲得の仕組みに「友達招待」ってあるじゃないですか。今ももちろん機能自体はあるんですが、食べチョクの場合はそんなに大きくならなかったんです。この機能を搭載する前にイメージしていたのは、お子さんのいる30〜40代のママさんたちのコミュニティだったんですよ。オーガニックにこだわっていたり、食材に気を遣われているママさんたちが「ここだと良いものが買えるよ」って食べチョクのことをコミュニティ内で紹介してくれて、それが口コミで広がっていくような狙いがあったんです。でも、食べチョクにある食材ってすごく安いわけではないので、親族などの本当に近しい人には言えるけどここで買っていることをママ友コミュニティで言うこと自体には抵抗があるということがわかって。

木下　へ～そうなんですね、紹介してくれたら何かプレゼントを贈るといった施策はしていないんですか？

秋元　一応クーポンがもらえるようになっていますが、あんまりうまくいっていないですね。

木下　クーポンってあんまりうまくいったって話を聞いたことがないですね。なかったら紹介したのに、みたいな話の方がよく聞きます。

秋元　ああ、逆にそうなんですね。

木下　友達をクーポン欲しさに売ったみたいな感じになるのがいやだと。

秋元　ただうちのヘビーユーザーさんでもクーポンを使うにしろ使わないにしろ、人に言いたくないっていうのがあるみたいです。

木下　なるほど、そうなんですね。きっとサービスによって合う合わないっていうのがあるんでしょうね。

5-2

オンライン診療プラットフォーム『ＳＯＫＵＹＡＫＵ』の驚くべき成長戦略

SOKUYAKU

中村篤弘（なかむら・あつひろ）

ジェイフロンティア株式会社 代表取締役社長執行役員

１９８０年、神奈川県相模原市生まれ。大学卒業後、ドラッグストアでの医薬品の販売業務からスタートし、ＥＣ向けインターネット広告代理店の責任者に就任。２０１０年よりジェイフロンティア株式会社 代表取締役に就任。多くのヘルスケア関連商品のＥＣ事業の立ち上げに携わり、10年以上、毎年３商品は１００万個以上のセールスを記録し、酵水素シリーズは１０００万個突破という稀代のヒットメーカーに。２０２１年８月27日、東証マザーズ（現、グロース市場）に上場。同年、オンライン診療・服薬指導、薬の宅配プラットフォーム『ＳＯＫＵＹＡＫＵ』をリリース。導入医療機関は１万３０００件を突破。

コロナ禍を背景に急成長した「オンライン診療」市場において、ジェイフロンティア株式会社が提供する『ＳＯＫＵＹＡＫＵ（ソクヤク）』は、オンライン診療から処方せん医薬品の配送までを一貫して行うサービスとして大きな注目を集めた。患者は自宅にいながら医師の診察を受け、処方せん医薬品を最短で当日に受け取ることができる。このサービスは、忙しいビジネスパーソンや高齢者、外出が困難な人々、さらには交通の便が悪い遠隔地に住む人々に非常に高い利便性を提供している。

同社は、全国の様々な薬局チェーンや一部のコンビニエンスストアと提携を拡大し、市場を席巻する勢いで事業を展開している。このサービスは患者や医療関係者にとって非常に便利であるため、実際の病院を閉じて処方専門医として遠隔地医療に特化する医師が現れるなど、ＳＯＫＵＹＡＫＵの登場によって新たな医療形態が生まれつつある。

今回、この社会的インパクトの大きなＥＣプラットフォームの戦略について、ジェイフロンティア株式会社の代表取締役社長執行役員、中村篤弘氏に話を聞いてみた。

社会課題を解決するすごい事業の正体

木下　ＳＯＫＵＹＡＫＵ、今めちゃくちゃ伸びているんですよね。登録したユーザーがオンライン診療やオンライン服薬指導を受けて、薬を薬局から受け取ることができるサービスですね。

中村　配送もですね。ユーザーさんが当日配送なのか、翌日配送なのか、薬局に取りに行くのかを選択できるサービスになっていまして、当日配送の場合は６００円、夕方の16時までに服薬指導を受けていれば６００〜７００円で翌日配送できるようになっています。一部のコンビニや薬局に取りに行くと無料で、そこはユーザーさんが選ぶような形です。

木下　今、１万店舗以上と提携しているそうですね。

中村　病院が４０００弱ぐらいで薬局が１万３０００くらいです。

木下　競合っているんですか？

中村　他のオンライン診療は自由診療のところが多くて、保険適用かつ薬の当日配送をやっているところは少ないですね。あと1点、他と大きく違うのは**「当日中に薬が届きます」というサービスの宣伝で集患して、我々が各病院・薬局に送客することにより、病院・薬局側は診察件数が増える仕組みになっている点です。**

木下　他は違うんですか？

中村　これまでの同じようなオンライン診療のプラットフォームって、病院側から月額でシステム利用料をもらって、集患に関してはそちら（病院側）でやってくださいという仕組みになって

最短当日中の薬の受け取りも可能なオンライン診療・服薬指導・処方薬宅配サービス『SOKUYAKU』

いるんですよ。これはなぜかというと、**保険診療の場合、プロモーションをして特定の病院・薬局に集客してはいけないという法律があるからなんです。**我々もいろんな病院にアプローチしていった時に「他社の保険診療適用のプラットフォームを入れているんだけど、なかなか予約が入ってこない」とか「処方せん枚数が来ない」などのお話を伺っていたんですね。ＳＯＫＵＹＡＫＵの場合は、我々が集患はしますが、**特定の病院・薬局に集患するのではなく、あくまでプラットフォームにきた患者さんが病院や薬局を自ら選ぶ形にしているので、これは法律上問題ないんです。**そういうことを始めたっていうのが１つですね。

木下　なるほど。ホテルの業界でいくと、単なる予約管理ソフトではなく集客を代行しますよ、あとの予約管理なども全部その中でできますよっていうことですね。これは強いですね。

中村　他社のモデルだと月額いくらとか従量課金

を病院・薬局から徴収しますので、病院側が診察料プラス情報提供料１０００円とかシステム利用料１０００円とかをのせちゃうんですよ。

木下　お客さんに？

中村　はい。オンライン診療の方が割高になっているみたいなことが数年前の日経で記事にもなっているんですけど、実際の点数はオンライン診療の方が低いので割高じゃないんです。薬の配送も各薬局・ドラッグストアに任せているものですから、Ａの薬局はヤマト運輸で送料６５０円、Ｂの薬局は佐川急便で送料７００円とか、配送料も薬局によってバラバラになってしまっていて、金額が明瞭じゃなかったんです。うちは、そこを明朗会計にしたっていうところも伸ばせている１つの大きな要因だと思っています。

木下　御社が配送業者と契約してこれに関しては一律いくらでやってくれと交渉しているんですか？

中村　地場に強いところと組んでやっています。バイク便も使っていますし、例えば兵庫県は牛乳瓶の宅配をやっている６００人ぐらい配送員がいる会社とか、シルバー向けのお弁当を宅配している会社であるとか、佐川急便やヤマト運輸みたいな大手も使っていますし、そういった形でいろんなところと連携しながらやっています。

木下　なるほど。

中村　あと、日本郵便と新しいオペレーションを組みました。それはドラッグストアや調剤薬局で予約が入った場合に郵便局員がそこに取りに行って患者さんの自宅に持って行くというものです。このオペレーションによってヤマト運輸や佐川急便だと運べないエリアにも運べるようになるなど、配送エリアを広げるようなこともやっています。

木下　そのレベルになってくるとほぼ競合なしっていう感じですか？

中村　事業の開始の部分が違うんですよね。他社さんの場合はどちらかというとオンライン診療から入っていってその他のオペレーションはそっちでやってねというサービスがほとんどなんですけど、我々の事業開始のきっかけって「いかに早くお薬を届けるか」で、その結果オンライン診療が必要だったっていう流れなんです。

木下　そこが違うと結果的にサービスの設計が変わってくるということですね。

中村　はい。利用者が増えている要因の1つに、予約の付け替えまでやることで、薬の受取率を100％に近づけている実績があります。普通だとオンライン診療を受けると、病院から患者さんが指定した薬局に処方せんが送られますが、7〜8件に1件くらい、指定の薬局に薬の在庫がないことがあるんですよ。こういう時に薬局からSOKUYAKUに連絡が入って、患者さんの自宅の近くで在庫がある薬局を探して予約の付け替えをするんです。在庫がないと普通そこで終わって、あとで取りに行くとか、後日配送するとかになっちゃうんですが、「いかに早くお薬を届けるか」から事業を開始しているので、そこまで手間をかけています。

木下　これら全体のサービスを御社で全部やってしまうこともできそうじゃないですか？

中村　例えば、**ジェイフロンティアとして保険診療の病院を出しました、薬局も出しました、SOKUYAKUに集客してそこに患者を送ったら法律違反**になっちゃうんです。

木下　ああ、そうかなるほど。宣伝して集客していることになってしまうと。

中村　そうなんですよ。だから大手ドラッグストアがこれらのサービスをやりますっていうのもダメなんです。自分でそこに集患すると法律違反になっちゃうんで。プラットフォーマーとしていろんなところと組んでやっているから成り立つんです。

木下　自分がやっちゃったら絶対ダメなんですね。

中村　保険診療は利益の7割は国のお金なので。その逆の規制緩和を今後日本がしていくってことはないと思います。社会保障が増えていっちゃうんで。

アプリは入れているけど使っていないユーザーにアプローチする方法

木下　今のビジネスモデルが超ベストって感じですよね。

中村　まだまだ課題も多いです。これは木下社長にも伺いたいんですけど、今は1回使ってくれた方のリピート率が8割ぐらいで、年間で見ると一人当たり4・92回ぐらい使ってくれているんですが、どうやって知ってもらうか、そしてどうやって1回使ってもらうかといった部分に課題を感じています。

木下　全体の登録者はどれぐらいいらっしゃるんですか？

中村　200万人ぐらいですね。

木下　ここから先、どれぐらいを目指していますか？

中村　日本の年間の処方箋が8・5億枚あるんですが、1％取れたら8 5 0万枚ですし5％取れたら5 0 0 0万枚ぐらいになるので、そこを目指したいと思っています。

木下　今2 0 0万人いて、1人平均4・9 2回っていったら8 0 0万枚ぐらいは取れていますね。

中村　ただ、**ダウンロードしているけど初診の診察までいっていないみたいな方が多いんです。**

木下　実際に使っていらっしゃる方はどれぐらいいるんですか？

中村　ダウンロードした人全体の利用率は大体14〜15％ぐらいですね。

木下　ということは、今で月間30万人ぐらいがアクティブに使っている感じですかね？

中村　そうです。リピートもしてくれているユーザーがそのくらいです。

木下　テレビCMもやっていらっしゃいますが、それはいつからどういう目的で始められたんですか？

中村　テレビCMから認知を広げてWebからの獲得を最大化することを目的に2 0 2 2年頃からスタートしました。開始当初はまだUI・UX（UI＝User Interfaceは、ユーザーがサービスや製品と直接触れ合う部分、つまり「見た目」や「操作性」を指す。UX＝User Experienceは、ユーザーがそのサービスや製品を利用した時に感じる「体験」全体を指す）が今ほど洗練されていなかった部分もあったんですが、それらの改善をCPO（Cost Per Order＝顧客獲得単価。広告やプロモーションを通じて、どれだけの費用をかけて1人の顧客を獲得できたのか、その効率性を測る指標）を下げていきながら適正化していくことを同時にやっていました。

木下　**アプリのダウンロードとダウンロードしたあとに使わせるのって全く別のマーケティング**

だっていうのを聞いたことがあります。SmartNewsにいらっしゃったＰ＆Ｇ出身の西口《にしぐち》一希《かずき》さんがお詳しかったので、僕もいろいろ相談したんですけど、**テレビＣＭって受け皿が整っている状態じゃないと効果がないって話をしていました。SmartNewsにしてもメルカリにしてもテレビＣＭをやったのは、アプリを一定数以上ダウンロードしてもらったあとだといいます。そしてダウンロードをしてもらうための広告は絶対にＷｅｂで、Ｗｅｂ広告でダウンロードしてもらって、ダウンロードはしているけど使っていないお客さんに利用してもらうためにテレビＣＭを打つ**って言っていましたね。

中村　そういうことですね。

木下　SmartNewsの場合、Ｗｅｂマーケティングでダウンロードはされているんだけど使っていない人がいて、その人たちに使ってもらうためにどうするかという時に、**タブ（ソフトウェアの画面内で、異なる機能や情報を表示するための分割された領域のこと）ごとの戦略を立てたそうです。その時最初に行ったのが英語のタブで、「ニュースが英語で見られるんですよ」ってテレビＣＭを打ったんですが、SmartNewsいいですよ、みたいな内容ではダメだと。SmartNewはもうダウンロードされていて、英語のタブを英会話の勉強のために使いましょうっていうＣＭからやっていき、**加えてクーポンのタブを新設導入して、クーポンタブの利用を促すＣＭを打って、ドカーンといったって言っていましたね。

中村　なるほど、**テレビＣＭはダウンロード数とか会員登録数をめちゃくちゃ増やしてからやった方がいいってことですよね。**ダウンロードの部分でいうと、Ｗｅｂブラウザ対応もして、ダウンロードしないでも使えるような形にもしたんです。「ダウンロード」というハードルをクリアしなくても、Ｗｅｂで検索すればそのまま使えるようにということですね。

木下　段階だとは思います。**ゲーム系のアプリとかもダウンロードさせるマーケティングと使わせるマーケティングは分けてやっているって言いますね。**メルカリとかもダウンロードはしたけど使っていない人が多かったので利用を促す内容のテレビＣＭを打ったということです。似たような業態でいうとフードデリバリー系もありますよね。各社コストをかけて様々な広告を打っているけど、実際に事業展開されている当事者たちから、今はどこも利益が出ていないので、最後に黒字にならないと今までの戦略が正しいかどうかまだわからないっていう話を聞きました。

中村　まだ答えが出ていないっていうことですね。

木下　ＣＰＯ（Cost Per Order ＝注文単価。商品やサービスの1注文を獲得するためにかかった費用）をかけて、あとのＬＴＶ（Life Time Value ＝顧客生涯価値。1人の顧客がリピート注文などを経て、生涯にわたって購入した額）で回収できるかどうかっていうところで、ＬＴＶで回収できなかったらアウトじゃないですか。もっと安いＣＰＯで獲得できるような方法をとらなければいけなかったとなるかもしれない。言葉は悪いですが、あの業界の人たちは我々のために実験してくださっているって見ています。

新しいサービスの収益&事業拡大の考え方

中村　CPOをいかに下げながらいかにLTVを上げるかっていうのは本当にそうですね。実は2024年6月から利用料の値上げ（システム利用料が165円から275円、薬の配送料金が当日配送の場合440円から550円、翌日配送の場合550円から660円）をしましたが、そこまで利用率の低下は見られませんでした。

木下　年齢層が高めっていうのもありそうですね。

中村　それもあるかもしれません。実は病院からはこれまで1円も手数料をもらっていなくて、診療件数が多い病院に関しては手数料をいただくことを次のフェーズとして考えています。例えばSOKUYAKU経由で月に1000件ぐらい診察している病院がいくつかありまして、その病院はオンライン診療で1000件も予約が入るので病院を閉めちゃうんですよ。そうすると看護師もいらないし、レセコン（医療機関が健康保険組合などに提出する「レセプト（診療報酬明細書）」を作成するためのコンピュータシステム）に入れる医療事務も一人でいいとなると、極端な話、先生は在宅で診療ができるので沖縄に旅行しながらでも仕事ができちゃうと。これを診療点数で逆算すると、めちゃくちゃ利益が出るんです。

木下　いや、すごいですね。昔の楽天さんを見ているような感じがします。楽天さんも個人商店をやっている方にネットで売りませんか？と声をかけるところからスタートして、伸びるにつれてシステム負荷が増えてきて、それまで月額固定費だけだった出店料に売上プラス何%みたいな手数料を取るようになっていったんですよね。ものすごい文句が出たんですけど、そうはいっても楽天さんで食わせてもらっているから聞かざるを得ないし、それよりも恩恵の方が全然大きいから受け入れる。ＳＯＫＵＹＡＫＵももうそのステージかもしれないですね。

中村　やっとそこが考えられるようになってきたというか。

木下　いや、でもすごいですね。病院側でもＳＯＫＵＹＡＫＵ経由で伸ばす人がどんどん出てくるだろうし、今後は勤務医の人が独立してＳＯＫＵＹＡＫＵをやるということもありますよね。

中村　おっしゃる通りです。在宅で服薬指導もできちゃうので、**例えば札幌にある薬局に薬剤師として登録はしているけれども、札幌市内のマンションで服薬指導をして出荷はＳＯＫＵＹＡＫＵからやるっていうことができるんですよ。医者のクラウドソーシング、薬剤師のクラウドソーシングもできるようになります。**

木下　いや～すごい。それはマジで面（シェア）を取ることが重要な気がします。

中村　今は面を取りに行って、圧倒的に利用者が増えればと思っています。もちろん医師会・薬剤師会とか厚労省もそうですけど、オンライン診療を推進する方とあんまり推進しない方たちもいらっしゃるんですよ。診療科によって相性もあったり、問題や課題はいろいろあるんですけど、**これから医療従事者が非常に足りなくなってくることを考えると、絶対に必要なシステムなんです。国全体の医療費は今45兆円ぐらいですけど、２０４０年には95兆円になるって言われています。その一方で、医療従事者は１・０６倍という予測で、ほとんど増えないんです。お医者さん、薬剤師さん、看護師さんは確実に足りなくなってくる。でもオンライン診療であれば、資格は持っ**

ているけど働いていない薬剤師さんとか、そういう方たちも子育てしながら在宅でできます。

木下　すごい……。これはマジですごい話ですよね。

中村　目指しているのは「24時間いつでもどこでも診療の機会と薬が受け取れる社会の実現」で、これをやっていくことによって僻地、ロコモティブシンドローム（運動器の障害により、歩くことや立つことなど、日常生活の動作が困難になった状態のこと）で買い物難民と言われる方も９００万人ぐらいいらっしゃるんですが、そういう方たちに薬を届ける手段にもなります。

木下　すでにやられている事例とかもあるんですか？

中村　例えば、富山県に入善《にゅうぜん》という地域があるんですけど、ここの病院にオンライン診療室を設置しました。市長や県知事が医師に来てもらおうと一生懸命誘致するんですけど、年収を数千万払うって言ってもなかなか来てくれないんです。そこにＳＯＫＵＹＡＫＵの端末を置いて、業務提携した千葉県の先生と繋ぎました。こうすると、それまでなかった診療科の開設もできるんです。あとは、石垣島のフェリー乗り場のところに阪神調剤さんが薬局を作ったんですが、そこにＳＯＫＵＹＡＫＵの端末を置いて本島の先生と繋ぐみたいなこともやっています。

木下　本当にすごいことですね。国からお金もらえそうですよね。

中村　国策を我々民間がですね、広告費を莫大に投下してやっているんでちょっとくらい出してほしいですよね（笑）。

第6章

経営改革でヒットした商品、サービス

企業経営には、ゼロから創業する場合と、すでにある企業を先代社長から引き継ぐ場合がある。私自身は、何もわからない状態でゼロから創業した経験があるため、既存の企業を引き継ぐ経営者に対して「楽でいいな」と思っていた。しかし、実際に当事者の話を聞いてみると、その認識は全く逆であった。

既存の企業を引き継ぐということは、ただその企業をそのまま維持するのではなく、既存の「A」を「B」に変革する必要があり、正直なところ、「A」を「B」に変えるよりも、ゼロから「B」を作り上げる方がはるかに楽だという。場合によっては、ゼロからではなくマイナスからのスタートになることもあるからだ。特に、D2CやECといった比較的新しいビジネスモデルでは、古い体質からの転換に強い抵抗があり、その過程で大きな困難を伴うことが多い。

さらに、変化の激しいマーケットでは、一時的な成功に安心していては、あっという間に奈落の底に落ちてしまう危険性がある。企業経営には常に変革が求められるのだ。

今回は、古い体質の企業を引き継ぎ、大規模な改革を経て成長企業へと育て上げた、異なるタイプの2人の経営者に話を聞いた。

6-1

B2CとB2Bの二刀流で上場に向かう

山田岳人（やまだ・たかひと）

株式会社大都 代表取締役社長
大学卒業後、リクルートに入社。6年間の人材採用の営業を経て、1937年創業の総合金物工具卸売業「株式会社大都」に入社。2002年にEC事業を立ち上げる。2011年、代表取締役に就任。B2B（事業者向け）通販サイト『トラノテ』、B2C（モール出店）ECサイト『DIY FACTORY』を運営。日本の住まいを自由にすべく取引先とのデータ連携システムを自社開発し、工具業界のサプライチェーンプラットフォームを構築。

「大都《だいと》」は、1937年に創業した金物工具の卸問屋であったが、当時の社長の娘婿だった山田岳人氏が経営を引き継ぎ、そのリーダーシップの下、eコマース事業への転換を果たした会社である。

トラックに乗って金物工具を運び、ホームセンターに卸す仕事から、eコマースで直接消費者に売るという180度の変化に社内では様々な軋轢があったが、2002年にDIY用品のネット通販サイト『DIY FACTORY ONLINE』を立ち上げ、約100万点を超える商品を取り扱う日本最大級のDIY工具通販サイトへと成長させ、有名ベンチャーキャピタルから出資を受けて上場を目指すまでになった。

さらに、2014年、2015年と続けて体験型DIYショップ『DIY FACTORY』を大阪と二子玉川にオープンし、消費者が気軽にDIYを体験できる場を提供。その活躍が注目され、人気テレビ番組「カンブリア宮殿」にも出演した。

しかし、急成長の裏では事業運営に歪みが生じ、2019年にはキャッシュが行き詰まるなど、事業崩壊の危機に直面した。そこから山田氏の手腕により全てを立て直し、再び上昇気流に乗って上場を目指すまでに回復。その波乱万丈のストーリーを聞いた。

木下　実は山田さんと私はリクルート時代の同期なんです。１９９２年に大阪ミナミ営業所という大阪の難波にある細いビルで共に仕事をしていたという。

山田　でもそれを知ったのは最近なんですよ。当時お互いのことは知らなかった。

木下　山田さんはリクルートのあとは奥さまのお父さまの会社を継いでいて、それが工具の卸の会社・大都ということですね。それをｅコマースの会社に生まれ変わらせた。ご存じの方もいるかもしれませんが、カンブリア宮殿にも取材されていますね。

山田　２０２０年の７月ですね。

木下　界隈でもカンブリア宮殿に出た！って話題になりましたけど、どういう経緯だったんですか？

山田　社員は20数人しかいない会社だったので、まずオファーが来たことに驚きました。反響はすごくて、めちゃくちゃ久しぶりの人からも連絡がありまして、そのうちの一人が、半導体の株価世界一の会社ＮＶＩＤＩＡ（エヌビディア）の日本法人の代表で、アメリカ本国の副社長でもある大崎真孝《おおさきまさたか》さんでした。大崎さんは僕の大学時代のバイト仲間で、カンブリア宮殿を見たって言って連絡をくれたんです。その時「ところで大崎くんは今何しているの？」って聞いてＮＶＩＤＩＡの日本法人の社長だったと知りました（笑）。

木下　すごい（笑）。

山田　めちゃくちゃびっくりして（笑）。そういうきっかけをもらった番組でもありましたね。マスメディアの影響力を感じました。

工場用間接資材のeコマースで急成長も新規事業の失敗で減速

木下 カンブリア宮殿に出るまではどんな感じでやっていたんですか。

山田 そもそも結婚の条件が妻の実家の会社を継ぐことだったので、リクルートを辞めて今の会社に入ったんです。とはいえ、リクルートは情報を売るビジネスで、当初は工具の問屋業でモノを売ることとのギャップにすごく苦しみました。入社してから5年間は毎日トラックに乗ってモノを仕入れてホームセンターさんに卸すっていうビジネスをやっていました。でもやっぱり新しいことをやらなきゃいけないと思って、2002年に直接ユーザーに売るeコマースを始めたんです。この業界への参入は割と早い方だったので、そこからはすごい伸びてだんだん収益も上がってきて、次第に上場したいと思うようになりました。

木下 それはいつ頃ですか。

山田 2013年ぐらいです。とは言いながらも、先代の時代からの借り入れとかも結構あったんで、デット（負債）で大きく調達することができませんでした。そこで第三者割当増資で2015年にグロービスさんから4億円の出資を受けて、東京の二子玉川にお店を出したり、アプリを開発したり、プライベートブランドの東京オフィスを作ったり、ECに加えて店舗ビジネス、アプリビジネス、プライベートブランドビジネスの4つの新規事業を立ち上げました。「上場を目指してやるぞ！」と勢いでやっていたんですけど、2019年頃の時点でEC以外はずっと赤字。当時は「ベンチャーは赤字なんかガンガン掘っていって、その先Jカーブで成長するんだ！」という感じだったじゃないですか。僕たちもそんなことを言いながらやっていたんですけど、実際は全然そうならずにEC以外の3つの事業は大赤字で、いよいよキャッシュがやばいぞという感じになった。

木下　胃が痛いですね。

山田　当時ってキャッシュがなくなったらまた調達すればいいじゃんみたいな風潮もありましたけど、だんだん自分自身も自信がなくなっていってしまったんです。会社自体の資金も尽きかけて、とにかく出血を止めるという意味で1年で4事業のうち3事業を撤退しました。社員数も半分以下になってしまった。僕たちは人にフォーカスする会社だから、組織が大事だとずっと言い続けているのに、人員の半分が去るという状況になってしまったことで僕自身もそうだし、残ったメンバーもすごく傷ついたんですね。そういう状況になってしまったので、主幹事証券監査法人さんにごめんなさいして、上場も一旦白紙に戻してほしいと伝えたのが2019年です。

木下　2002年に始めてガーッと伸びていって上場を目指すまでのところは順風満帆でした？

山田　そうですね。そこまでは結構伸びていったし、資金調達もうまくいっていましたね。そこで調子に乗ってしまった部分もありました。

「潤沢な資金」という罠

木下　でも上場っていろんな目的がありますよね。資金調達するにしても、上場以外の手段もあるじゃないですか。上場を目指そうと思った理由はなんですか？

山田　僕たちは、日本の暮らしや住まいを良くするためのパブリックドメインの事業をやっていると思っているので、会社もちゃんとした事業として残していきたいと考えたんです。人は必ず死ぬけど、法人は事業がしっかりしていれば死なないじゃないですか。僕は3代目ですが、先代から引き継いだ会社をちゃんと残していこうと考えると、上場するのがいいと思うんです。資金調達したのは時間を買うという感覚ですね。利益分で投資をしていくこともできるんですけど、それだと時間がかかり過ぎてしまうので短期決戦で勝負したいと考えました。

木下　何に一番お金がかかったんですか？

山田　一番投資したのはプラットフォームのシステムです。登録するメーカーさんがＩＤとパスワードを発行して彼らが商品登録したりする仕組みを整え、物流に関してもＷＭＳ（倉庫管理システム）を自社で開発して、取引先の物流と連携して、発注が来たらそこから出荷させてもらうとか、在庫の個数をリアルタイムで把握するといった仕組みを作りました。とは言いながら、その前にリアル店舗やアプリなどに半分くらい投資しているので、半分は失敗と言われればそうなんですけど。ただ店舗でいえば、二子玉川に「ＤＩＹ ＦＡＣＴＯＲＹ」を出したからこそ一般的な地名度が上がって、カンブリア宮殿さんがオファーをくれるようになった面もあって、そういう意味ではGoogleに月何百万も払うんだったら二子玉川の高い家賃に数百万払ったって、広告費として考えたらそっちの方がＲＯＡＳ（広告の費用対効果）が高いと考えることもできます。とはいえ、一定効果が出たらそれ以上取材もあまり来なくなるし、だったら一旦閉めましょうということで閉めました。

木下　北の達人は当時北海道本社のみだったので、あんまり情報がない中ではあったんですが一応資金調達はしたんです。とはいえ数千万円程度で、調達のテクニックも全然知らないのでずっと手持ちの資金でやっていたんですよ。一方、**みんなが資金を調達しながらいろいろやっていて、資金がなかったらしなかったであろうことに手を出すようになる**のは見ていました。

山田　なるほど。

木下　うちも自前の資金で利益が出たところで調子に乗ってしまったところがありました。起業家や経営者って自意識過剰な部分があるじゃないですか。ちょっとうまくいくと万能感を感じ始めてしまってやらかすことってありますよね。

山田　そうですね。２０１９年は僕にとっては本当に地獄の1年だったし、すごい学びの1年でもありました。アプリ開発の話でいうと、２０１８年にＤＩＹを促進させるために「ステイホーム」というアプリを作ったんですよ。

木下　おお、コロナ禍の直前にステイホーム！　すごいですね（笑）。

山田　そうなんです。でも作ったはいいものの、自社でエンジニアを抱えてアプリを開発したらめちゃくちゃコストがかかってしまって。インスタグラムみたいな投稿型のアプリだったので、全くマネタイズしないんです。一定数ユーザーがつかないと広告も取れないし。毎月数百万円が溶けていくそのアプリを、すごく優秀な新卒1期生の執行役員に見てもらっていたんですね。彼は東京に異動してアプリ開発に集中していたんですけど、やっぱり難しくて伸び悩んでしまった。さっきも言ったようにＡ２０１９年はもうどうにもならなくなってしまったので、突っ込んだ分引けない気持ちもあったんですが、取締役会で撤退の決議をして、彼にも話してアプリのサービスをやめたんです。東京にいた彼を大阪に戻して、もう一回一緒にやろうって話したんだけど、１年以上フルコミットしてやっていたサービスがある日突然なくなるわけですから、彼自身もやっぱり喪失感がすごくて。「サービスをやめる」って最初に話した時も、彼からは「そんな急に収益は出ないって最初からわかっていましたよね。それが予算がなくて止めるっていうのは経営判断が間違っていたってことじゃないですか」と指摘されました。彼の言う通りなんですよ。帰ってきて少ししてから彼から「今会社が厳しいのはわかっている。その中で自分は全く貢献できていない。だから会社にいない方がいいと判断したので辞めます」と言われました。「そんなことないよ」と言ったんですけど、そこで彼からすごく怒られました。ここで辞めろってちゃんと決断できないのはあなたの弱さですよって言われたんです。

木下 すごい。

山田 その日に彼は辞めていったんですけど、ものすごく反省しました。**一定の資金ができたり、利益が出たりすると、色々やりたくなる。ちょっと調子に乗っていたり、ビジョンを達成するためだったら何をやってもいいみたいに考えてしまった。特に中小企業はリソースも人もお金も限られているんだから、ここって決めたところに集中的に張っていくことが大事です。**まあ当たり前のことなんですけど、その時に改めて思いました。

木下 ベンチャーって結局は同じような道を辿るように思っていて、大都さんの場合はちゃんと実績を出してから色々と事業領域を広げた形ですけど、実績が出ていなかったり、そこまでうまくいっていなかったりするのに、VC（ベンチャーキャピタル）からお金が入ってきたりして周りが先に持ち上げて騒ぎ出すみたいなことがありますよね。すると、成果が出ていないのに、出ているかのように錯覚してしまう。そこで自分がうまくいっていないことをちゃんと認められるかどうかで、その経営者が成功するかがわかると思っています。自分の一番ダメなところや弱いところが見えていて、そこに向き合えるか向き合えないか。向き合えない人の方が多いかなっていう気がしますが、それを経験して乗り越えた人が一番信用できると思います。

事業者向けサービス『トラノテ』の成功

木下　地獄の時期が2019年で、今は絶好調ですか？

山田　絶好調とまでは言えませんけど、これまでの反省も踏まえて、自分たちの強みから何にフォーカスすべきかを考えて、2023年に事業者向けの『トラノテ』っていうサービスを始めました。モノタロウさんみたいな事業者向けの資材や工具を売るサイトを立ち上げたんです。

木下　消費者向け（B2C）と事業者向け（B2B）のサイトって具体的にどう違うんですか？

山田　消費者向けは楽天とYahoo!、Amazonとモールしかやっていないんですが、例えば掛け売り（商品やサービスを先に渡し、代金を後から支払ってもらう取引方法）の機能をはじめ、ユーザーに求められる機能も戦略も違うので、事業者向けのサービスは自社サイトでやって、それが非常に

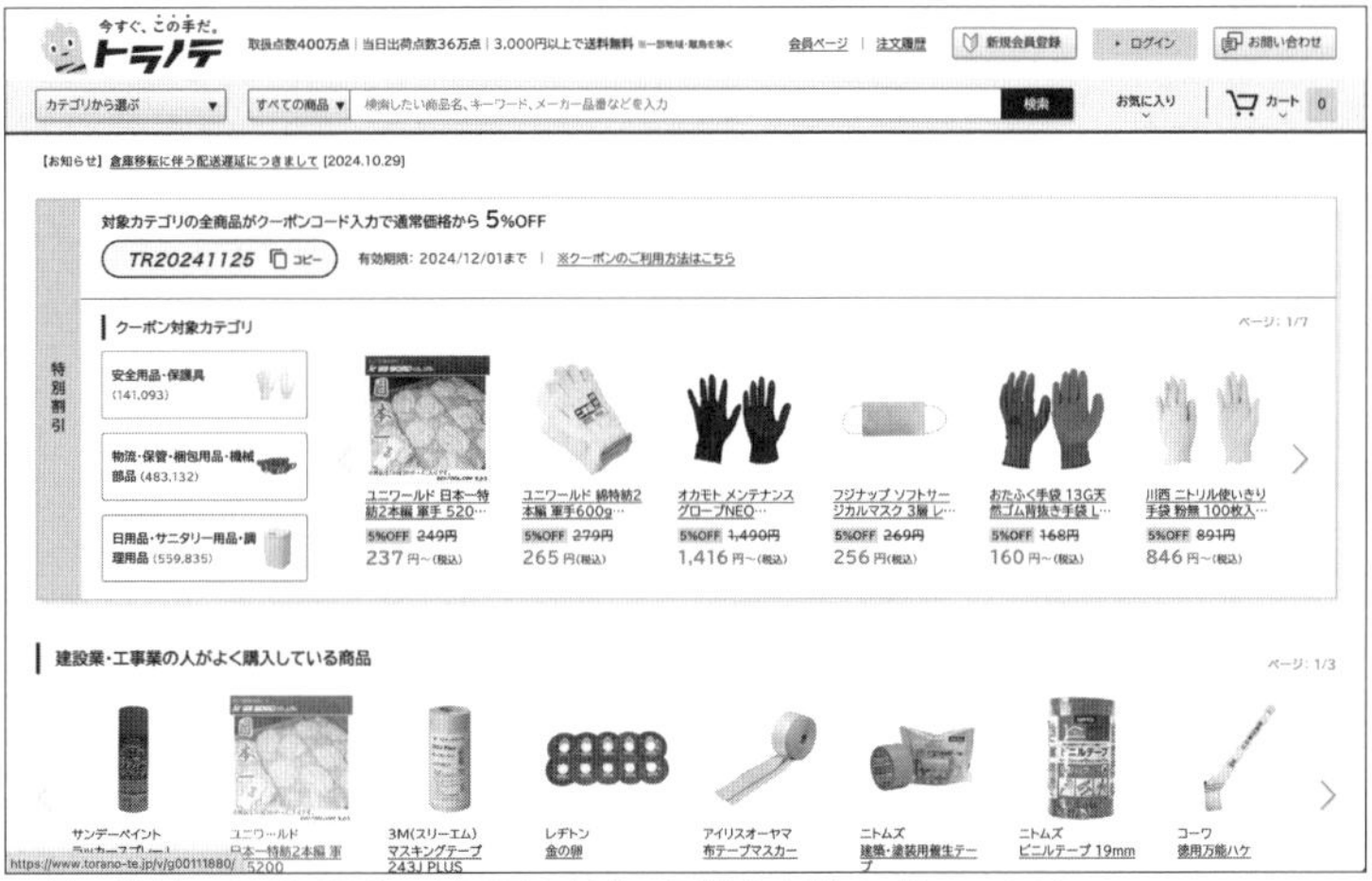

工具・塗料から日用品まで390万点以上の品揃えを誇る『トラノテ』

伸びています。この領域では最大手であるモノタロウさんですら3〜4%のマーケットシェアと言っているので、市場規模がすごくでかいんですよ。まだまだオフラインが強い業界ということでもあるんですけど。

木下 今までB2C向けでやってきてうまくいって、そこからいろんな事業に手を出したけど結果が出せず、一回リセットした次に何をやるかってめっちゃ考えるじゃないですか。

山田 考えますね。

木下 絶対コケられないという気持ちになるじゃないですか。どう判断してそのサービスをやろうってなったんですか？

山田 消費者向けは楽天やAmazonで販売しているけど、いろいろユーザー分析をしていくと、結局個人よりも法人が大口客として買っていることが見えてきたんです。次にそれを分類して見ていくと、**法人のお客さんは客単価も高い、購入頻度**

も高い、購入点数も多いとなると、こっちに集中したサービスを作った方が伸びるよね、と。かつモールには掛け売りなんて機能はないから、これは切り出してやろうと。あとはお客さんを自分たちで集客して、コミュニケーションを取りながら育てていく事業になるので、モールのように他社と比較して安いから買うとかじゃなくて、ちゃんとお客さんに繰り返し買ってもらう、いわゆるどうやってLTV（Life Time Value＝顧客生涯価値。1人の顧客がリピート注文などを経て、生涯にわたって購入した額）を上げていくのかというところをしっかり考えてやっていけるようになったというか。

木下　なるほど。

山田　たぶん10年前にやっていてもうまくいきませんでした。あとはプラットフォームができていなかったので、在庫金額でモノタロウさんに勝てるわけがない。なので僕らはいろんなサプライヤーさんやメーカーさんの在庫と連携することで、外から見た時に350億円くらい在庫があるように見えているんです。でも実際に僕らの倉庫にある在庫って2億円ぐらいしかない。

木下　B2C向けのバックヤードのシステムがそのまま応用できているんですね。

山田　そうです。それをずっと作ってきた結果、ちょうどやれるタイミングになったのでやったという感じですね。

木下　実際にトラノテというサービスは、フロントヤードを作ったぐらいの感じでバックヤードはそのまま使えたと？

山田　そうですそうです。

B2Cプラットフォームはどう集客するのがいいのか？

木下　集客はどうしているんですか？

山田　これについてはちょうど相談したかったんです。今はＷｅｂ広告がメインですが、突っ込めば突っ込むほどＲＯＡＳが悪化していくんですよね。ラジオ広告とかもやっていますが、効果測定がすごく難しくて、どうしてもＷｅｂに張るという判断になる。でも露出を増やせば増やすほど、おそらく関係ない人を集客してしまっている部分があって、集客については困っているというより悩んでいます。あとはアイテム数が４００万個くらいあるので、ＳＥＯについてもGoogleにどう対応していくかみたいなところも、プロにぜひ意見を聞きたいんです。

木下　いや、プロかわかりませんけど（笑）。普通の一般の消費者とは違ってヘビーユーザーになりやすい人の集客ですよね。

山田　そうですね。

木下　**リタゲがめっちゃ重要なんじゃないですか。リタゲのいいところって、ある特定の人だけにめちゃくちゃ流行っている印象を与えることができることなんですよ。**

山田　ああ、なるほど。

木下　リタゲについて説明すると、ネットで広告をクリックすると、そのあと同じ会社の広告ばっかり出ると思うんですけど、あれを「リターゲティング」といいます。そうしてこの人はこれに興味があると認識して広告を出していくんですが、例えば何かの広告をクリックして、そのあとその人が見るいろんなサイトでその広告がいっぱい出てくると、この人は今これめっちゃ流行っていると思うわけです。**ターゲットの人だけにめっちゃ流行っているんですよって感じさせることができるのがリタゲ**なんですね。これはＢ２Ｂにおいてはかなり重要だと思っています。**普通のＢ２Ｃ向けの場合は、何度か表示させてもターゲットの人がクリックしなかったら、広告を表示しないようにしますけど、Ｂ２Ｂの場合はもっと結構長めにやってもいいんじゃないかと思います。Ｂ２Ｃは「ウォンツ」ベースで購買されているけど、Ｂ２Ｂはニーズベースで購買されるので、認知されてもニーズがなければ購買に繋がらない。一方でニーズが発生したら必ずどこかで購入するわけなので、その時の第一想起（一番最初に思い出してもらう）にエントリーするためには、結構長めにリタゲ表示していた方がいいんです。**あとはＢ２Ｂは使う本人が発注する場合と購買部が発注する場合があるじゃないですか。たぶんこれは戦略を分けるべきで、今のリタゲの話はどちらかというと使う本人の部分だと思います。

山田　はい。

木下　あと、ラジオＣＭも効果測定ってできるんですよ。北の達人の子会社にサロンムーンという会社があって、そこではヘアアイロンを出しているんですが、北海道エリアだけＦＭノースウェーブ（本書の元となっている北の達人ラジオ・マーケティングキングダムを放送している北海道のラジオ局）でＣＭを流していたんです。それに対してＷｅｂ広告は全国に向けてやっていると。**ある月のデータを見て全国で対前年同月比の売上が上がっている時に、北海道以外の対前年同月比と北海道だけの対前年同月比の上がり具合のデータを取ると、北海道エリアの方が伸び率が良い**

んですね。例えば北海道を除く全国では対前年同月比で20％上がっていて、北海道エリアだけは対前年同月比で30％上がっていた場合、その差である10％がFMノースウェーブのラジオ広告の効果だとわかります。で、この対前年同月比10％の上昇から個数も導き出せます。算出した個数でFMノースウェーブの広告費を割ると費用対効果がわかってくるんですよ。

山田　なるほど。期間はどのぐらい見るのがいいんですか？

木下　僕らは1年間くらいやりました。僕らが扱っていた商品はヘアアイロンですが、ヘアアイロンはほしいかって聞かれて「今すぐ必要です」となるようなアイテムではないじゃないですか。大抵の場合「ほしいけど今持っているしいらない」となる。すぐに広告の成果も出ないので、少し時間をおいて、あるタイミングで試しにリスナーに対して「次に買いたい商品は何ですか？」っていうアンケートを取るんですよ。するとそのアンケートでサロンムーンがガーンと上がっていたんです。これはちょっと手続きのミスですが、1年間集中してCMを打って、その後1年くらい空いたタイミングでアンケートを取ったんですが、それでもまだ広告の効果が残っていることがわかりました。ラジオを聞いている人は以前に比べたらもちろん少ないんですが、聞いている人はずっと聞いているから、言葉は悪いけど洗脳されやすい状態なんです。車に乗っている時にずっと聞いている人や職場でずっとラジオがかかっている人に対して効果がある。

山田　刷り込みですね。それは僕らも社内でよく言っています。第一想起策というか、脳内SEOっていうやつですよね。ヘアアイロンって聞いた時に脳の中で検索されているわけです。何が一番上に表示されるか。御社のブランドが3位だったのが1位に表示されるように、脳内のSE

Oが上位表示されてるというような状態が作れていたっていうことなんでしょうね。ずっとWeb広告ばかりやっていると、CMが流れたらその日のうちに「今日はいくら売上が上がった⁉」とすぐに反応を見ようとしてしまう。

木下　なりますね。僕らもそうだったので。ラジオは別で考えないといけない。それに加えて正直Web広告の限界ってあります。年間何十億円という広告費を使っているとわかってくるんですが、**Webは発生したニーズを刈り取ることに向いていて、ニーズを発生させたり興味を持たせたりすることにはそこまで向いていない。だからWeb以外で興味を持たせて、Webで刈り取る形が一番いいんですが、大事なのが受け皿との連携の部分で、テレビで見ましたって言ってもそのままだとみんな意外とWebで検索しないいんです。だからすごく重要なのが「〇〇で検索してね」とちゃんと伝えること**なんですよ。

山田　次のアクションをちゃんと言ってあげると。

木下　そうです。**一般的な商品の場合はGoogleで検索してくださいよりも楽天・Amazonで検索してくださいの方がいいんです。Googleだったら商品以外の別の情報もいっぱい出てくるので、購入までが遠いんですよ。でも楽天やAmazonなどのモールだったらその場で買える。ここの距離感を縮めてからやった方がいい。**

山田　リタゲ、うちはやっていないんじゃないかな。絶対やった方がいいですね。

木下　それはウルトラもったいない気がします。最近B2Bで多いのは、ちょっと客層が違うと思うんだけどタクシー広告（タクシーの後部座席に設置したモニターで流すCM）ですね。あれはどちらかといえばコーポレート業務的なサービス向けで、あのタクシー広告をやっている人とかの話を聞くとやっぱり効果はすごくあるみたいですね。あとはＳＮＳですかね。

山田　その辺ってどうなのかなと思って、例えば法人向けのサービスでＸとかインスタグラムとかそういうのってやるべきなんでしょうか。

木下　僕らは商品の販売にＳＮＳを使っていませんが、YouTubeは採用のためにやっている部分が大きいです。ＳＮＳ自体も属性に合わせてコンテンツが表示されるようになっていると思うんですが、例えば工具の使い方とかそういうのをYouTubeで検索している人ってど真ん中のターゲットじゃないですか。

山田　ああ、なるほど。そうですね。

木下　**だから自分たちが工具に関するYouTubeのチャンネルを持っていると、その人たちにどんどん表示されるようになっていくんですよ。**そこでターゲットをちゃんと囲い込んでいく。ただ無償でやっているものには正直上限はあって、拡大はしない。でも使いやすくはある。あとは**僕らがYouTubeの使い方で考えているのが、広告を出して、それを見たあとに検索したらYouTubeが出てきて、動画で広告が補完されるという流れです。例えば工具を調べているユーザーにトラノテの広告が表示されて、なんとなく気になったその人がトラノテを検索するとトラノテのYouTubeがあって、そこに簡単な注文の仕方の動画を用意しておくんです。**再生数は回らなくてもいいので、そういうのを１個作っておくというのは有効だと思いますよ。

山田　なるほど。さすがです。

木下　YouTubeとかSNSは必ずしも再生数が全てではなく、1回広告で知った人が検索した時に確認するという位置付けでも十分に役立ちますよ。

お金をかけなくてもできることはいろいろある

山田　MCCというメーカーの水道管を回す道具がめちゃくちゃ売れたことがあったんですよ。水道屋さんしか使い道がないアイテムなのにめちゃくちゃ売れて、担当者に原因を聞いたらインスタが要因だって言うんです。嘘やろって。インスタグラムでMCCが発信したら、一般の人がこれめちゃくちゃ便利って言って、これがバーッと広がっていって問い合わせが殺到してめちゃくちゃ売れたんですって。それを聞いた時に俺は何もわかっていないかもって思ったんです。だって水道屋の人たちはインスタグラムは見ないって勝手に思っていたから。

木下　今の若い子は見ていますよね。

山田　そういう意味ではいろんなことを考え直さなきゃいけないのかなと思いました。リサーチはうちの若いメンバーにやってもらっていますが、もっと実際に起こっていることを理解するというか、その水道管の道具の話も調べて知ったんじゃなくて、展示会に行って最近何が売れてるの？って聞いて初めてわかったことだったんです。

木下　eコマースもインターネットも今よりもシンプルだった時代は、頭を使って考えてロジック作ってからやっていたじゃないですか。今ってもうそうではなくて、**YouTubeにしても何に**

してても何が当たるか当たらないか全然わからないから、ある程度全部軽くなめていって、当たっていきそうな感触のあるところをガーっと攻める方が大事だったりします。逆に、何をやったらいいんだろうを突き詰めて考えてこれだってなったものにガーっていくのはコケる可能性が高い。YouTube のチャンネルもとりあえずやってみたらいい、SNSもやってみたらいい、みたいな感じで色々やっていくのがいいんじゃないですか。

山田　苦手かも。さっき話した、何でもやって失敗した経験があるから。

木下　お金をかけなければいいんですよ。お金はかけずに自分たちでいろいろやってみる。

山田　なめる程度っていうやつね。

木下　なめる程度。こんな感じになるんだとか。

山田　その中にあれ？っていうやつがあったりするんですね。

6-2

低迷していた業績をV字回復した老舗通販企業オルビスの経営改革

小林琢磨（こばやし・たくま）

株式会社ポーラ 代表取締役社長
2002年株式会社ポーラ入社。2010年、グループの社内ベンチャーで起業した敏感肌専門ブランド株式会社DECENCIA（ディセンシア）代表取締役社長に就任。同ブランドを年商50億円のビジネスに導いた後、2017年オルビス株式会社マーケティング担当取締役、2018年代表取締役社長に就任。構造改革、リブランディング、組織変革を実行。数々のヒット商品を生み出すとともに、物流センターの自動化やアプリコアのCX戦略の実行などDXを牽引。2025年1月1日、株式会社ポーラ代表取締役社長に就任。早稲田大学大学院MBA。

ORBIS

D2C経営者、トリは化粧品大手オルビスの代表取締役社長、小林琢磨氏（当時※）である。小林氏は化粧品大手ポーラに新卒で入社し、社内ベンチャー制度を活用して敏感肌向けスキンケアブランド『DECENCIA（ディセンシア）』を立ち上げ、わずか8年で、年商約50億円、営業利益約10億円規模の企業へと成長させた。その手腕は、ブランドの戦略的な差別化やターゲット市場の精確な設定、商品開発における細やかな配慮など、多方面にわたる経営の手堅さに裏打ちされたものである。

一方、1987年にポーラグループのベンチャー企業として設立されたオルビスは、創業当初はカタログ通販を中心に事業を拡大し、業界内で一時期は確固たる地位を築いていた。しかし、インターネットという新時代の波に対応しきれず、通販事業のデジタル化に乗り遅れた結果、業績が停滞。競争激化の中で、かつての勢いを失い、低迷期を迎えていた。

このような状況下で、2018年、小林氏はオルビスの代表取締役社長として同社の経営を引き継ぎ、再建に取り組むこととなった。旧態依然とした経営体制を一新し、デジタル化を推進するとともに、ブランドの方向性を再構築したその手法は、単なるリーダーシップにとどまらず、現場との連携や新しい顧客価値の創造を重視したものであった。小林氏がオルビスをどのように再建し、どのような未来を描こうとしているのか。その詳細に迫る。

※小林琢磨社長は2025年1月1日にオルビス株式会社の社長を退任し、株式会社ポーラの社長に就任した。

木下　超出世頭ですよね。自分では言いづらいかもしれませんけど（笑）。

小林　といっても僕は30か31歳になる時に社内ベンチャー制度でＤＥＣＥＮＣＩＡ（ディセンシア）を立ち上げていて、大企業みたいなところだと割と30歳ぐらいで係長になるかならないかのレベルなんですよね。社内起業の社長からオルビスの社長への転換なので、大企業の中で出世を競い合うというのは実はほとんどやっていないんですよ。

木下　なるほど。そもそもポーラ・オルビスグループに入ろうとした理由は何ですか？

小林　よく聞かれるんですけど、僕は全然志もなくて。メーカーは何を売っているかがわかりやすいっていうのが１つと、華やかそうで楽しそうだなって。あとは内定が早かったからぐらいの理由です（笑）。

木下　それで入ってＤＥＣＥＮＣＩＡっていう敏感肌のブランドを小林さんご自身が立ち上げられたんですか？

小林　研究員の同期と立ち上げました。その研究員の妹がアトピーだったからアトピー向けの研究をやっていて、ものすごく良い技術が見つかったと。大手製薬メーカーさんとの臨床試験でもすごく良い結果が出たので、社内ベンチャー制度に出してみたら通ったんです。僕は最初に法人営業をやって、商品企画とかマーケティング的なことや、物流もやっていたんで、事業側を僕が見ようという感じで一緒に始めました。

木下　立ち上げてから年商50億円までってどうやっていったんですか？

小林　恥ずかしい話、最初の３年で７〜８億円溶かしました（累積赤字を作りました）。売上は年間1億円ぐらいしかないような状態。当時は何もわかっていなくて、悪い意味のプロダクトアウトですね。技術的に良いものを作れば売れる、こんなに良いものを作ったんだからサンプリングで使ってもらえれば絶対にリピートがあるだろうと思っていました。最初はあまり固定費をかけたくなくてeコマースで始めたかったので、インターネットの広告代理店をやっている方に営業していただいて、バナー広告とかをどんどん出したり、サンプルを配ったりもしました。でも新規は入ってくるけど、全くリピートがないっていう。

木下　全然引き上がってこないんですね。

小林　eコマースのシステムを作らなきゃいけない、人も採用しなきゃいけない、その一方で広告のメニューを探しちゃうんです。もっと良いメニューはないかって感じでお金がどんどん溶けていく時期が2〜3年ありました。

業績回復のカギは「ブランドコンセプトの改良」

木下　そこから伸びるブレイクポイントは何だったんですか？

小林　ちゃんと戦略を作って一貫性を持たせたことが大きいです。技術はすごいんですって言ってもそれぞれのブランドさんも技術的にはみんな頑張っているんで、みんなうちがすごいって当然言いますよね。そういう中で独自性をどう感じてもらえるかを見直しました。技術的な独自性があっても、消費者や生活者がそれを感じなければ存在しないのと同じになってしまいます。あとは、200人くらいの敏感肌やアトピーの女性を紹介していただいてインタビューを重ねました。

木下 何か見つかったんですか？

小林 そのインタビューの時に女性同士で化粧品談義になったんです。「○○さんは肌が綺麗だけど何を使っているの？」みたいな話になって、その会話の中で**敏感肌用のブランドを使っている敏感肌の方は必ず「私は敏感肌だから」っていう枕詞をつけて「私は敏感肌だからこれを使っています」って言うんですね。その枕詞がないと胸を張って「これを使っている」って自信を持って言えないんです。その考え方を変えようと思って「敏感肌はもっと美しくなれる」っていうコピーを作りました。**元々敏感肌の人はお肌が薄かったりするけど本当はすごく綺麗な肌のポテンシャルを持っているから「敏感肌はもっと美しくなれる」と言って、マイナスをゼロに戻すんじゃなくて、**マイナスをプラスにするというブランドコンセプトに改めたんです。「敏感肌はもっと美しくなれる」と言って百貨店っぽい佇まいをパッケージで表現し、臨床試験などもちゃんとやって技術力の高さも打ち出していくことでブランドを作っていきました。**

木下 反応はガラリと変わりました？

小林 変わりましたね。

木下 「何のスキンケアを使っていますか？」という質問に対して、多くの人は「美容」の観点から答えるんですが、敏感肌の人は美容じゃなくて「ケア」の観点から答えることをちょっと恥ずかしく思っていると。それを敏感肌なんだけど、「ケアじゃなくて美容なんだ」って言えるようなものを作ったっていう捉え方で合ってますか？

小林　その通りです。今は敏感肌用のエイジングケアって普通にあるんですけど、当時はそもそも肌が敏感な人は刺激があったらいけないからエイジングケアもやっちゃいけないと思われていました。その時点で美容の観点じゃないんです。だから佇まいもそうだし、あまり独自性もわからないから、知名度がそのままシェアの差になっていました。

木下　それを貫いて1本のものにされたのですね。

リブランディングと構造改革で会社を立て直す

木下　そこからオルビスの社長になられたのはどういった経緯なんですか？

小林　そもそも僕はプロパーで入っているので会社のオーナーではないわけですが、自分で立ち上げたＤＥＣＥＮＣＩＡを8年間、死ぬ気でやっていたので、もはや自分がオーナーかオーナーじゃないかなんて考えていなかったんですよ。でもある金曜日の夜にポーラ・オルビスホールディングスの人事部長から、「来週の月曜に本社に必ず来い」と連絡が来て。なんだろうと思いながら行ったらオルビスを立て直してくれって話でした。その時に気づいちゃったんです、僕はオーナーじゃないんだと。そんなこともう忘れちゃっていて「えー！」みたいな感じ（笑）。

木下　なるほど（笑）。

小林　おそらく経緯としては、オルビスは10年くらいにわたって売上は微妙に保っているんだけど利益が減っていっている状態でした。でも利益を生み出さない売上って意味ないじゃないですか。そこに対してポーラ・オルビスホールディングスとしても危機感をもっていて、ちょうどその時期にＤＥＣＥＮＣＩＡがガーっと伸びていて、やんちゃにやっていた僕が呼ばれたという感じです。

木下　社長が交代の時期だから次は小林さんにしようではなくて、今オルビス自体がやばいから立て直しのために小林さんを入れようみたいな感じですか？

小林　そういう期待ではありましたね。

木下　実際オルビスに入って小林さんご自身が第2創業期って言われていると思うんですけど、具体的にどんな状態の会社をどういう手で変えていったんですか？

小林　そもそもオルビスはカタログ通販で大きくなった会社です。１９８７年というインターネットがない時代に創業しているので、カタログ通販のやり方で大きくなっていて、ｅコマースとかデジタルに関して上層部が全然強くなかった状態の上、組織はガチガチの年功序列でした。

木下　いわゆるデジタルマーケティングとかＷｅｂマーケティングにも強くなかったと？

小林　全然強くない人たちがマネジメント層になってしまっていて、かつ、彼らは非常に大きな成功体験を持っているんですよ。オルビスは１９９０年代後半から２０００年代前半にかけてすごく伸びて、２０００年代半ばくらいから徐々に低迷していったんですけど、失われた20年（１９９０年代初頭のバブル経済崩壊以降、日本の経済成長が停滞したおよそ20年間のこと）に爆伸びした会社は相対的な成功体験がものすごく大きいじゃないですか。だから変革マインドも持ちづらいんです。そのあたりを一番変えないといけない状態でした。僕が一番びっくりしたのは、**ユニットエコノミクス**（**顧客や製品、店舗などのユニット単位で事業の経済性を測定する指標。1つの製品やサービスを1単位提供する際に、どれだけの費用がかかり、どれだけの収益を生み出すかを分析する経済学の概念**）**の概念がないんですよ。通販で大きくなった会社なんでリピートで商売をやっていたら、ユニットエコノミクスって憲法みたいなものじゃないですか。**

木下　いくら広告投資をしたら、いくら売上が上がるっていう計数に基づいてやっていくことですよね。例えば「1万円投資したら1万2000円になる」ってわかっている仕組みのユニットエコノミクスを回していくのが一般的なビジネスだけど、そこが全然設定されていなかったんですね。

小林　はい。通販で何百億円まできた会社なので創業経営陣たちはそれを飽きるほど見ていたはずなんですが、それがなかった。例えばCPO（Cost Per Order＝顧客獲得単価。広告によって誘導されたユーザーが、広告主のサイトで特定のアクションに至った1回あたりの費用を指す）の目標が7000円として、7000円で年間で何件の新規を取りますと言うんですが、「7000円にしているのは何で?」って聞くと、「年間で使える予算でこのぐらいの新規を取らなきゃいけない」っていうのが上から降りてきたからって答えが返ってくるんですよ。

木下　先に費用が決まっていたと。

小林　先に費用だけ決めて、PLだけ作っていたんです。別にそれが全部悪いとは言わないけど、「この7000円は何ヶ月で回収してるの?」って聞いても「わからない」って言うんです。通販で何百億円という商売をやっている会社の課長とかがわからないんですよ。通販で大きくなったのにそれがないことに衝撃を受けました。ＤＥＣＥＮＣＩＡの時はそれが命みたいな感じでしたから。

木下 立ち上げって基本的にはそうですよね。

小林 それ以外の変数や要素ももちろんありますけど、**基本的な投資の判断ってまず大前提としてユニットエコノミクスを見てＣＰＯとＬＴＶ（Life Time Value ＝顧客生涯価値。１人の顧客がリピート注文などを経て、生涯にわたって購入した額）の関係を見てってところじゃないですか。**でも部署が全部分かれているから、それがないんです。トップライン（売上）はなんとなく保っているんだけど利益がずっと減っているから、そのやり方が間違っていますと。これはかなり本質的に変えていかないと難しいなという感じでした。

木下 売上が維持されているということは、商品そのものはそれなりにお客様に受け入れられていたんですか？

小林 もちろんそういう面もありますが、中身を見ていくとそうとも言えないポイントが２つありました。１つはＳＫＵ（Stock Keeping Unit ＝在庫保管単位。受発注や在庫管理を行う際に用いられる最小の管理単位を指す）をずっと増やし続けているという点です。例えば売上目標１億円の商品で２０００万円しか売れない場合、目標達成率は20％ですが、２０００万円は売上が立つじゃないですか。単純に、商品アイテム数を増やせば売上は保てるんですけど、一方で在庫も増えるんであとでしっぺ返しが来るわけです。もう１つは毎年値引き率をどんどん上げていっていたことです。値引き率を上げながら売上を保とうとすれば、当然利益率は下がります。

木下　一昔前の百貨店がどんどんダメになっていったパターンに近いですね。

小林　そうですね。値引き率を上げてキャンペーンを回しながら自転車操業でなんとか売上が前年を超えるか超えないか、みたいなことをずっとやっているような感じです。僕らのアクティブ顧客の定義はR12といって「12ヶ月以内に1度でも購入した顧客」のことをいうんですが、**アクティブ顧客の商品に対する定価の認識が本来の定価よりも毎年どんどん下がっている状態なんです。これを元に戻すのは、相当大変ですが、これらを変えるためにやったのがリブランディングと構造改革です。**

木下　お客様が「この商品はこれぐらいの価格だ」と認識しているのに対して、リブランディングすることで、刷り込まれてしまったイメージをリセットする必要があるということですか？

小林　そうです。デビッド・アーカーの『ブランド論』（『ブランド論―無形の差別化をつくる20の基本原則』２０１４年、ダイヤモンド社）の中に「認知・連想・知覚品質・ブランドロイヤリティ」という言葉があるんですけど、**認知定価が下がっていて今ある商品の定価の認識がお客様の中に全くない状態になっているので、認知とか連想とか割と上側を変えていかないとちょっと難しいなと思い、結構な大手術をしました。**

木下　具体的に何年ぐらいかけてどんなことをやっていったんですか？

小林　リブランディングでよく言われるのは世界観みたいな話ですよね。例えば**CI（Corporate Identity＝コーポレートアイデンティティ。企業の存在価値や独自性）とかブランドロゴとかVI**

（Visual Identity ＝ビジュアルアイデンティティ。企業やブランドのビジュアル面におけるアイデンティティのこと）みたいなものを変えていきました。「そもそも僕らのブランドの提供価値やコンセプトって何だっけ？」から入っていって、ブランドコンセプトをもう一度はっきりと作って、そこに合わせてＣＩとかＶＩを作っていくということをやりながら、アクティブのお客様の稼働が弱ることも覚悟しつつ構造改革の部分では値引きキャンペーンをかなり削っていきました。例えばポイントの還元率を３分の１にしたり、「１品から送料無料」というキャンペーンをやめたりとかです。お客様にもっと付加価値を認めてもらえるように生まれ変わらないといけないから、そういうものを削っていって、一番得意な我々のコアである「スキンケアに強いブランドである」ことにかなりフォーカスをして対策を進めていきました。

木下　それをやる時に途中で売上が止まったり下がったりはなかったんですか？

小林　ありました。１年目の２０１８年にかなり大胆にやって、減収ちょい増益。２年目は売上横ばい、利益率向上、増益という感じです。

木下　利益は守れていました？

小林　利益はやり方でちゃんと守れるんですよ。

木下　無駄コストを削っていくということですか？

小林　そうです。**無駄コストを削って、売上のトップラインは下がってもいいと。トップラインを見ないで限界利益（商品やサービスを１つ販売した時に得られる利益のこと。商品やサービスを作るために直接的にかかった費用［変動費］を引いた金額のこと）だけを見てくれと言いました。**限界利益だけを見てやっていけば、トップラインがちょっと下がっても利益は上がっていきます。これを2019年まで集中的にやったんですが、2020〜2021年はコロナ禍の影響がガッツリきて、100店舗あった直営店のダメージが大きかったので売上のダメージも相当ありましたけどね。

木下　利益が増えているとはいえ、周りは「売上が下がっている、大丈夫なのか？」みたいにはなりませんでしたか？

小林　なりました。構造改革をやる時の組織の空気感というのは、僕が思っているよりはるかに敏感でした。「利益を生み出さない売上って意味ないよね」という話は論理的にはみんなわかるはずなんだけれども、やっぱりどうしても抵抗勢力はいる。「売上が下がってるんだからあいつがやっていることは間違っている」ということを啓蒙するとか、2020年とか2021年ぐらいはそういうのがありました。

木下　今はもうそれはなくなりましたか？

小林　もう全然ありません。

木下　完全に第2創業期のV字回復はできましたか？

小林　そうですね。ここ2年ぐらいはかなり良い状況できています。

木下　オルビスを立て直した一番の肝は何ですか？

小林　マーケティング的な話とは少しずれちゃうんですけど、**「組織変革を実行できたこと」ですね。施策の必要性をちゃんと理解した上で実行することが、ものすごく重要だなと思いました。**

木下　戦略はある意味勉強したら誰でもできると思いますが、これを組織で実行できるかどうかが勝負ですかね？

小林　本当にそんな感じです。ここ2年ぐらいで営業利益率20％、店舗事業も90店舗まで伸ばすことができたんですが、トップラインを伸ばしながら20％の営業利益率を出すというのは、なかなか他で見ないんですよ。なぜそれができたのかを考えると、特別なことをやったとかは全くなくて、めちゃめちゃ基本的なことをちゃんと歯食いしばってやっただけ、という話なんです。組織が実行することをある程度みんなが信じられる状態で、そこに向かってやっていける方向に持っていけたことの方が大きかったです。逆に言えば僕がそこに気づくのに時間がかかったなと思います。

木下　ああ、なるほど。最初はどちらかというとテクニック的な感じで進めていたけれど、結局は組織力だったということですか？

小林　そうです。抵抗勢力が多いのはわかっていましたから「トップラインじゃなくて利益を見よう」というのをかなり論理的に説明するんですけど、それを信じて組織として実行していくことができないといけない。**マーケティングというか商売、経営そのものの話で、経営というのは組織が回転して動いていなければ成り立たないから、結局は組織力だなというのはものすごく感じましたね。**ＤＥＣＥＮＣＩＡの時は自分が創業して、ある時からバーって伸びていったから、僕が右って言ったら大体右に動いていたんですけど、それとは全然違いました。

木下　創業した会社は一緒に歩んでいるメンバーが結構いるので、基本的に考えが一緒の部分があると思うんですけど、おっしゃるように別の組織とかに行くとその組織の先入観があるのでど素人に教えるより大変ですよね。

小林　もうほんとにそうですね。大変です。

木下　でもうまく変換できた時はそれなりにみんな経験があるので、逆にど素人よりもすごいですよね。

小林　そう思います。本当は経験とか体に入っているものがあるんですよね。オルビスの成長期にいた人とかは、そのカオスの中をやってきているからそれをうまく変換して結果が前に進み出すと逆に強いかもしれません。

２０１１年発売の商品が２０２３年のベストコスメアワードに選ばれた理由

木下　２０２３年に@cosme（アットコスメ）ベストコスメアワードに御社の『エッセンスインヘアミルク』が選ばれましたが、この商品は発売が２０１１年なんですよね。かつ一度も広告を出したことがないと聞いているんですが、発売から12年でアットコスメのトップにきたという話は業界的にものすごく衝撃的でした。

小林　戦略的に狙ってやったことじゃないからラッキーなんです。ただラッキーになるための種は植えていたかもしれません。その種は何なのかというと、**自然な状態でのリピート率をずっと見ていたこと**です。リブランディングに取り掛かった当時は、扱う商材が多すぎて何屋かわから

2023年の@cosmeベストコスメアワードに選ばれた
2011年発売の『エッセンスインヘアミルク』

なくなってしまっていたので、スキンケアブランドとしてのプレゼンスを発揮しようという方向に意識を改めました。そもそもうちは何が一番強いブランドかを認識してもらった上で広げていくのは良いんですが、そうなっていなかったんです。まず、スキンケア以外の商品に関してはかなり厳しく基準を設けて、例外を設けずに廃品するということをやりました。1000ぐらいの商材の10年ぐらいの売上推移を全部見ていったんです。

木下　はい。

小林　**「年間売上で何千万以下のものは自動的に廃品にする」といった厳しい構造改革をやろうとしていたんですが、売上の状況を長い時間軸で見ていたところ、このヘアミルクの10年の売上推移は、凹凸はあるんですけど微妙に伸びていたんです。**そもそもヘアミルクなんで、スキンケアブランドから除外される商材だったんですが、「何もやっていないのに微妙に伸びているのはなぜだろう？」という疑問が生まれました。理由は簡単で、買っていただいている方のリピート率が異常に高かったんです。翌年継続率が何もしていないのに90数％みたいな状態。

木下　おお、それはすごい。

小林　**リピートしていただいているお客様にこの商品の何を評価しているのかを聞いて、その声をそのままメルマガなどのお金のかからない媒体に出していきました。**そこからオルビスの既存顧客ではあるんですが、一定の新規が取れるようになり、さらにこの新規の顧客のリピート率も同じように90％を超えたんです。単価が１１００〜１２００円と低価格なのでそもそも広告にお金はかけられないから、このやり方だけを続けていきました。

木下　全既存商品の中からリピート率が高いものを見つけ、高さの要因を把握して、リピートしてくれるお客様の声をオルビスの既存のお客様に広げていったら見事に広がって、アットコスメでナンバーワンになったということですか？

小林　そうですね。途中の話だと、カタログで一目で識別できるようにピンク色にどデカく『エッセンスインヘアミルク』と商品名が入っているんですが、今のクールな観点でいえばダサいんですよ。白とかグレーとかそういう感じにリブランディングしていたので、恥ずかしいから変えたいと言われました。でも絶対ダメだと。**お客様は商品名で覚えているのではなくて、「あのオルビスのピンクの」という形で覚えている人も多いはずで、その認知をわざわざ壊すことは得策ではありません。プロダクトやプライス、デザインを一切動かさずに４Ｐ**（製品：Product、価格：Price、流通：Place、プロモーション：Promotion）**でいうところのPlace**（流通）**にある程度特化して、**

面を広げていきました。基本的にうちは直販至上主義でドラッグストアでは売らなかったんですけど、より広がっていくようにドラッグストアにも初めて出していったんです。バズっていたので、インフルエンサーを使って広告をやりましょうとかアフィリエイトをやりましょうとかいう話もたくさんあったんですが、インフルエンサーが商品を持って#（ハッシュタグ）でPRをやると逆に冷めちゃうんで全部断りました。

木下　ドラッグストアに出してまた加速しましたか？

小林　しました。バズっている時にその面に出すと自然と売れていきますね。このタイミングで仮に広告に投資した場合、CPOは低く取れると思いますが、その後のLTVを考えると、1100円のヘアケアとクロスして売れるような商材が我々の得意なものから離れているので、たぶんユニットエコノミクスはきついから広告はやめようとなりました。かつインフルエンサーを使うのも全部やめて、Placeを一気に広げて回転させていくことに特化したのが割とうまくいきました。いや、でもこれはラッキーです。

木下　いやいや、そんなことないですよ。でも結局商品力にたどり着くなとは思いますね。

小林　僕もこれでそう思いました。これはリブランディングとは一切関係ないので。やっぱり商品にお客様が付いていたということですね。

第7章

D2C・ECの未来
～将来のヒットのために～

これまでに14人のトップマーケッター兼経営者たちに、D2CやECの成功の秘密について話を聞いてきた。それぞれの言葉には、実際に成果を上げてきた現場の知見や、独自の発想から導き出された戦略が込められており、非常に学びの多い内容だった。彼らがどのような考え方や手法で成功を手にしてきたのか、その核心に迫ることができたと感じている。

ここからは視点を少し変え、今後D2CやEC、そしてマーケティング全般がどのように進化し、発展していくのかについて、コンサルタントの立場から話を聞いてみた。

これまで現場で活躍してきた経営者たちと異なり、コンサルタントは俯瞰的な視点から業界の流れやビジネスの本質を捉える役割を担う存在である。そのため、これからのトレンドや変化にどう向き合うべきかという洞察を得る機会として、非常に意義深いものだった。

ビジネスにおいて重要なのは、「普遍的なもの」と「移り変わるもの」を明確に区別し、それぞれに適した対応をすることである。「普遍的なもの」とは、顧客の信頼を得るための誠実さや価値提供の本質であり、どの時代にも変わらず重要な要素だ。一方で、「移り変わるもの」とは、テクノロジーや消費者の嗜好、競争環境といったもので、常に変化し続ける。

今回話を聞いた百戦錬磨のコンサルタントたちは、ビジネスにおけるこの2つの側面をどのように見極め、どう活用しているのかについて具体的に語ってくれた。彼らが普段どのような視点で業界や市場を分析し、どのような基準で次の一手を判断しているのか。その考え方や手法には、これからのビジネスを形作るヒントが数多く詰まっていた。

コンサルタントたちが語る未来のD2CやEC、マーケティングのあり方は、単なる予測にとどまらず、たしかな根拠に基づく実践的な内容だった。彼らがこれまで蓄積してきた知識や経験をもとに、次世代のマーケティングがどう展開されるのか、その片鱗を垣間見ることができた。

7-1

AIにステマ、送料無料問題……D2C業界の未来予測

加藤公一レオ（かとう・こういち・れお）

株式会社売れるネット広告社 代表取締役社長CEO

１９７５年ブラジル・サンパウロ生まれ、アメリカ・ロサンゼルス育ち。西南学院大学経済学部卒業後、三菱商事株式会社に入社。その後、Havas Worldwide Tokyo、株式会社アサツー ディ・ケイ（ＡＤＫ）にて、一貫してネットビジネスを軸としたダイレクトマーケティングに従事し、担当した全てのクライアント（広告主）のネット広告を大成功させる。受賞歴多数。「全日本ＤＭ大賞」最終審査員や「International ECHO Awards」審査員、「九州インターネット広告協会」の初代会長も務めた。著書に『単品通販〝売れる〟インターネット広告』（日本文芸社）、『１００％確実に売上がアップする最強の仕組み』（ダイヤモンド社）などがある。

売れるネット広告社

加藤公一レオ氏は、株式会社売れるネット広告社の代表取締役社長であり、ネット広告業界で数々の実績を上げてきた経営者である。ブラジル・サンパウロで生まれ、アメリカ・ロサンゼルスで育った後、18歳で日本に帰国。日本の大学を卒業後、大手広告会社である株式会社アサツーディ・ケイ（ADK）に入社し、ネットビジネスを軸としたダイレクトマーケティングに従事した。

2010年、加藤氏は株式会社売れるネット広告社を設立。多段階のABテスト、緑のボタン、揺れるボタン、確認チェックボックスなど現在のネットマーケティングのセオリーの多くは加藤氏が生み出したものであり、「レスポンスの魔術師」の異名を獲得した。そして同社は、ネット広告の費用対効果を最大化するクラウドサービス『売れるD2Cつくーる』を提供。これにより、多くのD2C企業が売上を劇的に向上させることに成功している。

現在では、D2C業界において「売れるネット広告社」を知らない企業はないと言われるほど、そのノウハウとサービスは業界のスタンダードとなっており、広告費の無駄を最小限に抑え、顧客の購買行動を的確に捉える仕組みは、多くの企業にとって欠かせない存在となっている。

そんな加藤公一レオ氏に、D2C業界のこれからについて語ってもらった。

AIをマーケティングにどう活かすか

加藤　北の達人コーポレーションさんは、なんと私が会社を作った時の一番最初のクライアントさんで。本当にありがとうございます。

木下　当時は我々もまだまだ小さな会社だったんですけども、そこからお互い頑張ってきて、今は両方とも上場企業になったということで、盟友ですね。D2Cとかeコマースの会社の支援を売れるネット広告社さんは幅広くやっていまして、今では大手企業の約7割は御社のクライアントですよね。

加藤　売上ランキングだけでいうと7割がうちと取引している実績があります。

木下　業界全体の情報がここに集まっているっていうことで、2024年のトレンドの振り返りとこれから起こるであろう未来について聞いていきたいんですが。

加藤　まずはやはりAIですね。当然ながら運用の面でのAIの活用とか、支援会社側だったら業務効率化のAIもありますけど、注目しているのはAIのクリエイティブです。

木下　いわゆる画像とか動画とか？

加藤　そうです。画像や動画、ランディングページ（LP）、通販サイトも最近はAIで作っていこうとしている人がすごく多い。木下さんのところはどうですか？

木下　画像はめっちゃ使っていますね。ただ、人の顔とかは大体同じ顔になっていくのでその他の部分で使っています。でもまだ1～2年は主流にはできないかなって思います。

加藤　そうですね。我々も業務効率化のためにＡＩはめちゃくちゃ使っていますし、すごくシンプルなライティングとかには使うんですけど、それ以上はまだ難しい。ＡＩは心理学や駆け引き、煽りとかに関してはわかっていないので、まだまだ人間にしか作れない領域が多いですよね。ちゃんとしたランディングページなどにはまだ使えないというのが現時点での感覚です。

木下　一番使えるのはどういう部分ですか？

加藤　ＡＢテストのパターン作りでしょうか。また、我々は支援会社側なので、提案書フォーマットとして活用しています。例えばメール広告の文章を作る場合、ベースは人間が作って、それをＡＩにリライトさせつついろんな切り口で書かせて、それをＡＢテストするんです。

木下　僕らもＡＩで文章を書く時、何回も書き直しをさせるんですよね。「もっと煽るようにして」とか指示しながらやっていくんですが、**結局のところ売れる文章の書き方をわかっている人にしかＡＩを使って書くことってできないなっていう。**

加藤　結局自分で書いた方が早いみたいな（笑）。

木下　プロンプト（ＡＩに対して与える指示や質問のこと）をちゃんとマスターしていくことによって大量生産はできるので、元々できる人が大量生産するのには使えるんだけど、できない人ができるようにはならないなっていう感じはしていますね。

加藤　わかります。あと、『売れるＤ２Ｃつくーる』という、商品パッケージ・商品名・価格・容量などもろもろの情報を入れたら綺麗に最適化されたランディングページができるツールを作りました。ＡＩ自動生成と会社では呼んでいるんですけど、そういうのは便利ですよね。

木下　出てきたページを人間がチューニングするということですね。

加藤　まさにそうです。だいぶ業務効率化されて、1ヶ月かかっていたものが3分の1とか4分の1の時間でできます。ただ、どうしても完成品が似てしまうっていうデメリットはあります。

「働き方改革」で送料無料が使えなくなる？

加藤　2024年度で我々のクライアントがみんな頭を抱えているのが「送料問題」です。配送の大手各社が軒並み送料を値上げしているじゃないですか。これは働き方改革もあって仕方がないことなんですが、通販業界で使っていた販促施策としての「送料無料」が使えなくなると。今、各運送会社のほうから送料無料と書かないでほしいっていうお願いも来ていますよね。

木下　昔から送料無料じゃなくて「（メーカー側の）送料負担と言え」っていうのはよく言われていますよね。

加藤　「うちが負担しました」みたいなやつですよね。

木下　そうしておかないと有料の場合に「送料取るのか。けしからん」みたいに受け取られる。

加藤　元々は送料も「我々が負担します」みたいな言い方をしていたのが、業界がどんどん進化していく中で無料って言い始めたんですよ。

木下　送料無料をやめて、CVR（購入率）が下がったという話とかも出てきていますか？

加藤　というよりも、今のところ各社送料無料をやめていないんです。何百社のクライアントの中で送料無料をやめたところが、僕が把握している中で3社ぐらい。だけど現実的なところを考えるとゆくゆくは「送料負担します」みたいな言い方にして、実際は多くの会社が商品の売価にプラスオンするんじゃないかなと思います。1回定着してしまったものを変えるのって難しいじゃないですか。「送料はかかりませんよ、我々が負担しますから」という建前で、でも実質は商品に送料分が乗っているような状況がどんどん生まれるんじゃないかなと思っています。

木下 送料が高くなるんじゃなくて、物価が高くなるっていうふうに。

加藤 と、僕は思っていますね。世界のトレンドを見ても物価が上がるのはある程度しょうがないのかなっていう気はします。それを超える売り込みができるか、ライティング・マーケティングができるかっていうところが勝負の分かれ道なのかなと。

木下 僕らは最初から送料無料じゃないんですよね。

加藤 そうでしたっけ？

木下 何かの施策でやるとかはあるんですけど。

加藤 送料を取るってことですか？

木下 普通にいただいています（笑）。

加藤 マジですか？　何年前からですか？

木下 創業の時から。

加藤 そうでしたっけ（笑）。すごい。

木下 初回は送料無料にしている場合もあると思うんですけど、根本的には商品の良さで買ってもらいたいので、そこで勝負をしています。もちろん送料無料を否定しているわけではなくて、送料無料にしないと売れなくなったら無料にしようとは言っています。ただ、送料無料にしないと売れないってどうやねんっていう思いがある。ある人が、**消費者が送料を高いと感じる金額は商品売価の７％以上の場合って言っていたんですね。１万円のものだったら送料７００円を超えると高いと感じるんですが、７％以下だったらあんまり感じないって話で。**

加藤　７％が基準なんですね。

木下　だから全額負担しなくても７％まではいただくとかっていうのがいいのかもしれない。

加藤　あとはどうしてもAmazonをはじめ大手モールが無料で送っちゃうというのもありますよね。最大手がそういうことをやっちゃうと、それが普通になってしまいます。独自ドメインでやっている我々みたいな業態も不利な部分はあると思いますけどね。

ステマ規制でインフルエンサーマーケのあり方が変わる

加藤　ステマ規制（インターネット上などで、広告であることを隠して商品の宣伝をする「ステルスマーケティング」を禁止する法律のこと。２０２３年10月から景品表示法によって規制されるようになった）の影響が大きくて、２０２４年はあらゆる会社が規制の対象で刺されましたね。北の達人コーポレーションさんは運用部隊に優秀な人たちがいっぱいいますけど、ほとんどのＤ２Ｃの会社ってそうではないんです。アドアフィ業者にどんどん投げていて、自分たちは知らんぷりでもまあまあ安定したＣＰＯで新規が取れているみたいな会社も多いんですが、その代わりめちゃくちゃステマの記事型広告とかでバーンって広がるみたいなことがあったので、ステマが厳しく規制されること自体はすごくいいことだと思っています。ただ、中には純粋にYouTubeとかで紹介してくれているインフルエンサーもステマって言われるような雰囲気もあって、**広報活動とステマの線引きがとても難しくなっている**のは感じます。

木下　有料か有料じゃないか、ということですか？

加藤　その有料か有料じゃないかっていうのも、広報も昔からプロダクトプレイスメント（映画やテレビドラマ、情報番組、ソーシャルメディアなど、様々なコンテンツに自社の商品やサービスを登場させる広告手法。ストーリーに溶け込むようにさりげなく露出することで、広告色を払拭し、自然な形で消費者に訴求する）っていって、ちょっと協賛金を払って載せてもらうっていう慣習もあるじゃないですか。

木下　たしかにそこまでいくと厳しいですよね。うちはやっていませんが、美容雑誌とかに記事が掲載されるかどうかも、その雑誌に広告を出しているかどうかで取り上げていただける確率はだいぶ違いますよね。

加藤　それはあると思いますよ。純広告を出しているから載せてもらえるって、ぶっちゃけあるじゃないですか。

木下　うちはそれをやらず、広報がめちゃくちゃ頑張ってやっているんですけど。でも記事ＬＰよりも、商品レビューとかのほうが厳しく見られていますよね。

加藤　どのモールでも、あれこそステマばっかりでしたからね。ただ中でも僕が一番注目しているのは、記事型広告やインフルエンサーですね。簡単に言うと「ＰＲ」って単語を１つ付けるだけでコンバージョン率が半分になるとか。

木下　それはありますね。

加藤　そういう業態で食べている人たちは大変だと思います。

木下　最近ステマ規制の対象になった事例では、chocoZAPが措置命令を受けたのが気になりました。インフルエンサーの人たちにちゃんとお金を払ってインタスタグラムで紹介していただいて、これに関してはＰＲってちゃんと載せていたんだけど、ＬＰに「Instagramでいろんな人に紹介してもらっています」って書いて、このインフルエンサーの投稿の一部をＰＲ表記なしで載せてしまったんです。無償で本当に自主的に紹介している人の中に、有料のインフルエンサーが混じっていて、そこにはＰＲ表記がなかったという例です。

加藤　なるほど。

木下　あれはあんまり悪気もなさそうだし、事業者がちょっとかわいそうだなっていう感じはしましたけど、仕方ないですよね。

「大手が安心」だからＭ＆Ａが増加？

加藤　最近うちも上場しましてＭ＆Ａを積極的にしているんですけど、２０２４年はＤ２Ｃ業界、特に大手によるM&Aが活発だったなという印象です。例えばキリンホールディングスにファンケルさん、グリコさんにGREEN SPOONさんが加わりました。特に健食食品においては中小の会社、地方の会社が弱くなっている印象です。

木下 健康食品系？

加藤 そうです。なぜかというと健康食品って味もないし即効性がないじゃないですか。だったら「大手のほうが安心」になっちゃうんですよ。大手の企業が中小の会社をM&Aしていくのは必然的かなっていう気はします。

木下 でも大手のほうが信用できるって思われているのは昔からじゃないですか？

加藤 そうなんですが、以前はインフォマーシャル・新聞広告・ネット広告も含めて、大手はマーケティングが下手だったんですよ。それがどんどん強化されてきた。

木下 大手ではたしかにファンケルさんとかGREEN SPOONさんのM&Aの事例がありましたけど、小さいところもいっぱい起きているんですか？

加藤 起きていますね。どこも第一には上場を目指すんですが、第二の選択肢がM&Aみたいな感じになっています。ただご存じの通り今は株式の市況は悪いし、上場の審査基準が毎年厳しくなっているので、D2C会社の多くが「売却したい」という風向きになってきているんです。先日「売れるD2C業界M&A社」というM&A専門会社を作ったんですが、問い合わせがめちゃくちゃ来ます。

木下 いい案件来ます？

加藤　それこそ売上5億～10億円レベルのところがちょこちょこ来ますね。数十億円規模のものは何件か来ていますけど。

木下　5億～10億円でも小人数で回して利益が出ている会社をうちも1社買ったことがありますけど、すごい良かったんですよ。

加藤　でも御社はあんまりM＆Aをしないイメージがあります。

木下　ずっと探してはいるんですけど、条件に合うところが少ないです。結局、大切なのは商品とマーケティングじゃないですか。でも大半の会社って商品はOEM会社に作ってもらっているし、マーケティングは外注に丸投げしているから、それだったら僕らで同じものを作ってやったら済むわってなることが多いですね。

加藤　逆にどういう会社だったらいいんですか？

木下　アクハイヤー（特定の企業を買収することで、その企業に所属する優秀な人材の獲得を目的としたM＆Aの手法）的な感じで組織・チームはしっかりしているっていう場合もあれば、逆にいうと小人数で仕組みだけで回せているところとかです。また、最近は赤字の会社を買収して、業務統合によってバックヤードコストを下げることで黒字化させて事業再生するということも検討しています。いい話があればぜひ。

「パーソナライズ」と「オフライン」の時代に

木下　今後Ｄ２Ｃ業界がどういうふうになっていくとか、どういうことが起きていくイメージを持っていらっしゃいます？

加藤　直近で間違いなく起こることの１つは、パーソナライズされた商品が増えることです。

木下　パーソナライズってたしかに増えているイメージはあっても、売れているイメージがあまりないんですがどうなんですか。

加藤　今のところはたしかにそこまで売れているところはないですね。

木下　10年くらい前に**オーダーコスメジャパンっていう子会社を作って、オーダーメイドの美容液を展開したんですが、全く売れなかったんです**（笑）。

加藤　どうしてですか？

木下　ユーザーさんに聞くと、「自分に合った美容液が欲しいんじゃなくて、良い美容液が欲しいの」って言われました（笑）。みんな基本はどんな肌にも良いものを求めているんですよ。あなたに合う合わないではなくて、全ての人に合うものが欲しいんだって言われて、なるほどなと思いました。だから、パーソナライズの商品って話題にはなるけど、売れづらいんじゃないかなっていうイメージを持っています。

加藤　ただ、チャレンジはめちゃくちゃ増えると思います。もうここまでモノが溢れて飽和しちゃっていますし、健康食品と化粧品って似たようなモノが多くて、その上売り方も大体似ているので。もう1つ、クライアントさんからの声で多いのが「オフラインのノウハウを教えてほしい」という声です。どういうことかというと、インターネットである程度の売上は上がるんですが、それと同時に競争がすごく激しくなっていて、広告の単価も高くなってきている。その上、他と差別化もしづらいので、テレビのインフォマーシャルやラジオ、新聞のつかみ広告、チラシとか、そういう媒体に進出していきたいけど全くノウハウがないから教えてほしいということなんですよ。

木下　うまくいき始めているところとかあるんですか?

加藤　まだ聞いていないんですけど、特にこの半年から1年でニーズは増えています。

木下　オフラインって主に何を?テレビ・チラシ・ラジオとかあるけど、どれが一番求められているんですか?

加藤　**一番拡大性があるのはリーチ力もあってレスポンスも取れる折り込みチラシです。次はテレビのインフォマーシャルですが、みんなが一番最初にチャレンジするのは新聞のつかみ広告。**これはあらかじめ新聞社に広告を預けておいて、売れ残った枠があったら安く掲載してくれる広告のことですが、オフラインで言うと、それでデビューする会社が多いです。仮にWebで1件の注文を取るのに1万円の広告費がかかっていたとすると、新聞のつかみ広告は約1・5倍、つまりCPOが約1・5倍ですが、他の商品に浮気しづらい50~70代のF3層が多いので、LTVも同じく1・5倍ぐらい高いんです。だからROASで考えるとオンラインとオフラインであまり変わらない。

木下　でも新聞に向いている商材と向いていない商材ってありますよね？

加藤　ただ、今のインターネット上で売れているモノって何だかんだ言って40〜50代向けのモノが多いじゃないですか。だから新聞のターゲットに持っていってもそれはあんまり変わらないと思っています。

木下　つかみ広告って折り込みとかではなくて、新聞の中の枠ですか？

加藤　そうです。それでデビューするのはありだと思います。あとはラジオもありますが、これは木下さんの方が詳しいと思うんですけど。

木下　私たちがラジオでやったのは、インフォマーシャルという形じゃなくて、子会社のヘアアイロンを家電量販店に卸して売っているので、店頭に行ってもらうような内容のものをやったらそれなりに成果が出ました。

加藤　そうなんですね。

木下　北海道エリアでやっていたんですが、北海道エリアだけのデータを見ると確実に成果が出ていることがわかりました。

加藤　それは面白いですね。変にフリーダイヤルに誘導するよりもビックカメラに行ってくださいみたいな。

木下　まさにビックカメラとかヨドバシカメラに行ってくださいっていう形でした。北海道はローカルエリアなので、番組の中でＤＪに紹介してもらって、その紹介したＤＪの写真の入ったＰＯＰをヨドバシカメラの置き場に載せて「番組内で紹介した商品はこれです」みたいなところまでやっていきました。

加藤　ＰＯＰとか作ってですね。それいいですよね。みんなこの20年でちょっとデジタルって言い過ぎましたよね。特に関東系の企業。九州系通販企業はそういうところがなくて、逆にいまだにオフラインがメインなんです。我々の関東系のクライアントもオンラインがほとんどだから、オフラインをやってみたいとなっていて、これは明らかに増えています。

市場は日本より有利?「越境ＥＣ」の可能性

加藤　あと注目しているのは越境ＥＣです。海外に売りたいという相談が増えているんです。

木下　どこの国に売りたいという声が多いですか?

加藤　アメリカと中国です。理由はすごくシンプルで、物価上昇に加えて円安だからです。

木下　日本のものはめちゃくちゃ安く感じるでしょうね。

加藤　アメリカの場合、極端な話モノによっては5倍の価格で売れます。最低でも2倍で売れると思います。

木下　どういう売り方にするかにもよりますよね。通販で日本から全部送るとすると、その経費も日本価格なのでめちゃくちゃ安く向こうの人は手に入れられます。

加藤　そうです。僕が木下さんと14年前にロサンゼルスに出張した時は、今みたいにCool Japanの空気はありませんでしたが、今は日本のアニメを中心に、ラーメンなどの食文化も流行っている上に日本のモノが安い。だから現地の適性価格で売るだけで、日本の何倍もの売上が立ちます。特に狙い目だと考えているのは、価格相場がわかりづらいモノです。例えばうまい棒ならGoogleで調べれば「うまい棒は日本だと15円なのか」とすぐわかりますけど、伝統工芸品などは相場を調べてもわかりづらい。ここにビジネスチャンスを見出しています。弊社もそれで、何ていう会社だったかな……。

木下　自分の会社ですよね（笑）。

加藤　（笑）。「売れる越境ＥＣ社」という会社を作ったんですけど、そこにそういう相談がたくさんきています。基本的に弊社は支援会社ですけど、最近自分たちでAmazonにショップを作って、日本の3～10倍の価格で売り始めています。

木下　実際に売れているんですか？

加藤　一部売れています。トレーディングカードとかだと日本の3倍ぐらいの価格で売れます。だから極端な話ですが、越境ＥＣであれば御社の商品も日本のプレミアムプロダクトとして、3倍の価格で売れる可能性があります。

木下　色々と今後の予測を把握することができました。ありがとうございました。

加藤　楽しかったです。ありがとうございました。

7-2

日本のマーケティングを民主化した稀代のマーケッターが考えるマーケティングの現在地とAIの可能性

神田昌典（かんだ・まさのり）

アルマ・クリエイション株式会社 代表取締役

経営コンサルタント・作家・日本を代表する国際的マーケッター。上智大学外国語学部卒。ニューヨーク大学経済学修士、ペンシルバニア大学ウォートンスクール経営学修士。大学3年次に外交官試験合格、4年次より外務省経済部に勤務。戦略コンサルティング会社、米国家電メーカーの日本代表として活躍後、1998年、経営コンサルタントとして独立。コンサルティング業界を革新した顧客獲得実践会（現在は「次世代マーケティング実践協会」）を創設。急成長企業の経営者、ベストセラー作家などを多数輩出した。1998年に作家デビュー。わかりやすい切り口、語りかける文体で、従来のビジネス書の読者層を拡大し、実用書ブームを切り開いたため、出版界では「ビフォー神田昌典」「アフター神田昌典」と言われることも。『GQ JAPAN』（2007年11月号）では、〝日本のトップマーケター〟に選出。

ALMACREATION

最後は日本のマーケティング業界のレジェンドである神田昌典氏の登場だ。

1999年、神田氏の書いた『あなたの会社が90日で儲かる！ 感情マーケティングでお客をつかむ』（フォレスト出版）は、それまでの日本のマーケティングを変えたと言われている。まだWebがそこまで普及していなかった当時、マーケティングは単に調査の手段と捉えられており、今のように顧客を獲得する方法とは認知されていなかったし、マーケティングと名のつく本の多くは、ハードカバーの翻訳書をはじめ、比較的値段の張る学術書の雰囲気をまとったものが多かった。

しかし、この本の登場によってマーケティングは「単なる学問」から「使える武器」となり、神田氏のマーケティングを学んだ者たちがマーケティングを駆使して一気にビジネスの成長を加速させた。その経済効果は数千億円以上と言われている。

なかでも、当時普及し始めたインターネットと神田昌典マーケティングの相性が良く、本書を読んだ神田チルドレンたちの多くがWebマーケティングの世界に飛び込んでいった。私もそのうちの一人である。現在の日本のWebマーケティングのセオリーとされているものは実は神田氏の影響を受けているものも多い。たとえば日本のLP（ランディングページ）が縦に長いのは神田氏の「セールスレター」をルーツとしている。

そのマーケティング業界のレジェンドである神田氏は、これからのマーケティングをどう考えているのか話を聞いてみた。

購買までのプロセスを丁寧に設計しないと売れない時代

木下　Ｗｅｂマーケティングの世界を変えた神田さんの『あなたの会社が90日で儲かる！感情マーケティングでお客をつかむ』が出版されてから25年が経ちますが、この25年でマーケティングがどのように変わったと見ていらっしゃいますか？

神田　一番大きいのはマーケティングが民主化したということですよね。企業が使う調査ツールの1つだったものが、インターネットが普及し、ＳＮＳやスマホができて誰もが使えるものになりました。この本を書いた当時は「そもそもネットでモノが売れるのか？」という疑問を誰もが持っていて、私はいつも「インターネットでモノは売れる。はじめは３０００円です。それが次第に1万円になり、10万円になり20万円になり……」と答えていました。今では考えられない時代です。

木下　「見込み客を集める」工程と「モノを販売する」工程に分けたのも神田さんでしたよね。

神田　そうですね。「営業」と一括りにされていたものを分けないといけないということですね。

木下　僕もこの世界には最初はパソコンのＷｅｂマーケティングから入っているんですが、今はスマートフォンが中心になってきていて、この辺の変化はどう見ていますか？

神田　**お客様は忙しいので、まずはソリューションありきで、しかもそれが自分にとって関係のある情報であることを直球で伝えないと読んでもらえなくなりました。**

木下　ランディングページやセールスレターを書く時に、ＰＣ向けのメールだと最初は惹きつけていきながら、徐々に深めていって最後に本題に入るという形でやっていましたが、今はもう最初から本題を提示しないとダメということですか？

神田　そうですね、僕はそう思います。なので一番の基本形は**お客様のニーズにフィットする商品のベネフィットを直球で伝えることが重要で、そのあとにお客様や世の中の課題を提示したり、その課題が持ち上がっている理由を解説したりしてから、それを解決するのがこの商品なんだという流れです。**はじめに「何に良いのか」が伝わらないと、そこまで読んでくれないと思います。**だから、お客様のことを理解して、自社の商品のこともちゃんと把握した上で、それらをコピーとクリエイティブでいかに表現できるかが重要です。**

木下　PCに比べると文章は短い方が良いのでしょうか？

神田　文章は長い方が売れると思うな、僕は。

木下　なるほどなるほど。

神田　**ランディングページを見たお客様が最初のつかみで興味を持ってくれたとしても、「これが自分にとって必要なものだ」というマインドシェアが高くならないと、行動を起こしてはもらえないじゃないですか。**そう考えていくと、「購入に繋がるような質の高い構成」の中に、「必要だと思ってもらえる要素」や「商品の世界観へ共感してもらえる要素」などを盛り込んでいく必要があって、それをやるとどうしても長くならざるを得ないんですよ。

木下　PCからスマホに変わったことでより長くなったのか、結局長さは以前も今も必要だという感じですか？

神田　というよりも、ＬＰやセールスレターなど１つの施策の長さの問題ではなくて、**購買までのプロセスを丁寧に作らないといけない時代になっていて、それをすると必然的に長くならざるを得ない**ということですね。例えば最初の顧客との接点は端的なものでも、そのあと他のメディアに移ってもらってコミュニケーションを取るとか、自社で運営する公式ＬＩＮＥに登録してもらうとか、購買までのプロセスには一段深い設計が求められる時代になりましたよね。

木下　たしかにそうですね。

神田　もちろんプロセスをどんなに緻密に設計したとしても、お客様に響かない場合は、商品の訴求ポイントを変えたり、異なるターゲット層（ペルソナ）に対してもう一度切り替えて訴求していく作業が必要になるかもしれません。**あともう１つ、昔と大きく違うのは、ＳＮＳの普及によって「あの人が言っていたから買う」というのがよく起こる時代になったことです。これはあらゆるプロセスを吹っ飛ばすほどの影響力がありますから、以前よりも「誰が言っているのか」という点についてものすごくウェイトがかかるようになりましたよね。**

新規獲得のための「値引き」はアリ？

木下　これは具体的なご相談で、我々はあまり値引きをしたくないのですが、神田さんの御著書の中に**新規の集客に対して一番効果があるのは初回の値引きだ**ということが書いてあったんですよ。それはそうなんでしょうか？

神田　担当者があまり考えないで、客数を増やしたり売上を上げたりしたい場合には効果はあると思っていますが、ただそれは方針ですから私が木下さんと同じ立場だったら値引きはしないでしょうね。

木下　方針ではあったんですが、何かの商品で手数料無料にしたらすごく成果が出たんですよね。その時に神田さんの本にそう書いてあったなと思い出したんですが、結局は品質がよければリピートするので、手段としてはありなのかと思ったんです。

神田　原則としては値引きするよりは商品力で勝負しましょうと思っていますが、ダイナミックプライシング（商品やサービスの価格を、需要や供給の状況、時間、場所、顧客の属性など、様々な要因に応じてリアルタイムで変動させる価格設定戦略）の世の中であるのも事実で、例えばテスラがコロコロと値段を変えるのもそうだし、売れ行きが悪くなってきたら金利０％とか安くする、そこでうまくいったキャンペーンは繰り返しやるとか、テストの繰り返しですよね。韓国コスメの会社なども「2時間限定50％オフ！」とか「メガ割！」とかすごいじゃないですか。そのタイミングはものすごい売れますからね。それを緻密に管理してやっていくっていうことじゃないですか。

木下　ダイナミックプライシングの効果はあるけど、リピート率は下がるとも考えられますか？

神田　どこまで客層を細かく分析しているかは問われてくるかもしれません。ＲＦＭ分析（顧客の「Recency＝最終購入日」「Frequency＝購入頻度」「Monetary＝購入金額」という3つの指標を分析し、顧客をグループ化することで、より効果的なマーケティング施策を立案するための手法）をして、ＮＰＳ（顧客が、自社の製品やサービスを親しい人にどれくらい勧めたいか、という質問に対して、0点から10点の11段階で回答してもらい、その結果から顧客ロイヤルティを数値化する手法）も取って、それで分けると10カテゴリーくらいに分けられるじゃないですか。それに対してこのカテゴリーのお客さんは価格に敏感だとか、その辺の緻密な分析が重要になってくると思いますが、それを人がコントロールできるかというと難しいので、ＡＩの活用というのがポイントになってくるんじゃないでしょうか。ほとんどの企業がそこまで細かくは管理していませんが、木下さんの会社くらいちゃんとデータを細かく取りながら顧客とコミュニケーションを取れている会社であれば、そういうこともできると思います。

木下　臆せずデータを取りながらやっていくということですかね。

神田　木下さんの会社ならそうお勧めできるけど、できていない会社にはとてもお勧めできないですよ。

木下　これはとても難しくて、どこで努力するべきかという話になってくるんですよね。値引きはしつつもリピート率を上げていけばいいのかとか、我々の経験値だけではなく、神田さんがどう見ていらっしゃるかというのがすごく気になったんです。

神田　先ほども言ったように、**お客様との関係性を前提とした上で、技術をどう会社としてキャッチアップするかが大切です。良い技術を導入することで売上や利益が上がったとしても、社員さんに顧客を大切にするマインドがなければ意味がないじゃないですか。**でも、北の達人コーポレーションさんにはそれがあると思うので、ダイナミックプライシングの実験を開始するのは合っていると思いますけどね。一方で、様々なデータの分析をやらずに、お客様との信頼関係が希薄な状態で値引きをやると、「待っていればこの会社はいつか値引きする」と思われてどんどん悪循環にハマるリスクがあると思います。でも北の達人コーポレーションさんには、そういうことがあったとしてもそれをきっかけにもっとお客さんのことを深く理解しようという文化が根付いているので、そのような状態には陥らないんじゃないかと私は思いますけどね。

AI×マーケティングはパーソナライゼーション

木下　先ほども少しお話が出ましたが、マーケティングにAIをどう活かしていくかについてどのような見解をお持ちですか？

神田　一言で言えば**「パーソナライゼーション」（一人ひとりの顧客に対して、その人の属性や行動履歴、興味関心などに基づいて、最適な商品やサービス、情報を提供するマーケティング手法）**でしょうか。AIを使えばパーソナライゼーションがかなり緻密にできるので、そこが非常に大きな領域だと思います。AIを導入することによってマーケティングも経営も自動化していく道筋は大きくは変わらないと思うので、やらない理由はない。でもどこから始めればいいのかというと、チャットボットをAI化してどこまで顧客対応をスムーズにできるかを試すことですが、ほとんどの会社はできないんですよ。なぜなら内部の体制が整っていないからです。そもそもこれまでの顧客対応が良くなかったり、商品知識についても不足していたりすれば、チャットボットに置き換えることでさらにお客様の信用を失ってしまいます。しかしですね、それをきっかけに、A

Iを入れるとこんなに楽になるんだと感じながらの作業を内部でやることによって、相当意識が変わるんですよ。

木下　はい。

神田　面白いことに、ChatGPT-4oが出た時にものすごい変化があったんです。それまではまだ顧客対応にはとてもじゃないけど使えないよねと思っていたのに、GPT-4oが出て使ってみると、社員も知らないようなことが丁寧に出てくる。もしかしたら、社員以上に得意そうに語ってくれるのではないかと。もちろん人間のチェックは必要ですけど、今でもこのような状態ですから実験というか導入はどんどんしていくべきだと思います。

新しい時代の「稼げる言葉」とは？

木下　8年前に出版された本を大幅に書き直して『稼ぐ言葉の法則 貧す人が稼ぐ人に変わる「売れる法則85」』（ダイヤモンド社）を書かれたということですが、言葉の扱い方にも時代の変化があるんでしょうか？

神田　冒頭でもお伝えした通り、元々マーケティングが民主化して、今では誰もがネットでモノを売れる時代になった、つまり一部のマーケッターだけではなく、誰でも使える内容の本にしなければいけないということですよね。

木下　85の法則ということですが、とくに重要な要素を挙げるとすればなんでしょうか？

神田　「文章＝感情伝達の法則」です。**貧す人は「どんな情報をわかってもらうのか」という観点で文章を書くんですね。それに対して稼げる人は「どんな感情を持ってもらうのか」という問いから文章を書く。そうするとその文章は温かみのあるものになります。**お客様にどんな感情を持ってもらうのかという問いから書けば、商品説明1つとっても大きく変わるんですよ。お客様との距離を近づけられる。

木下　文章を書く時に多くは「何を伝えるか」から入ってしまうんですが、そうではなくて伝えた後にどんな感情を持ってもらうかを先に設定して、そこから逆算して何を伝えるかを決めるということですね。

神田　何を言うかですよね。それをすると自然とペルソナも設定されます。

木下　どういう人に伝えるべきかですね。

神田　**「どんな情報をわかってもらうのか」が起点だと商品を思い浮かべて書くと思いますが、「どんな感情を持ってもらうのか」からだったら人を思い浮かべないといけないじゃないですか。**ペルソナを想定していると、自分はどんな人の役に立ちたいのかを常に考えないといけなくなるので、人間としても成長していきますよね。

木下　教育という部分でクリエイティブとかを教える時に、「広告を見る側の観点から考えましょう」とずっと言っているんですけど、できない人はできないなと思っていて、そこを「どんな感情を持ってもらいたいから考えましょう」って伝えれば、どんな人にどんなことを伝えればどんな感情になるかが自動的に設計できると……僕はそう伝えればよかったのか……。

神田　どうでしょう（笑）。木下さんはよく考えられているからおいそれとは言えませんが、木下さんの悩みはわかります。でも自分のことしか考えられないステージってあるんです。人のことを考えられるステージってある程度トレーニングが必要なんですよ。自分がよく感じるのは、何回か添削をしていると、伸び代のある人は突然できるようになるということです。

木下　そうなんですね。

神田　視点のシフトなんです。これは人材育成的に考えれば、はじめは周りに合わせる社会的知性、そこから自分ができたという感覚を持てると自己主張型知性といって、自分のやり方でやれるようになるんですが、日本の学校教育は周りに合わせる教育だから、感情を持って動いてしまったら正解ではないわけですよ。その人の感情に寄り添ったかどうかってテストされないわけです。そういうトレーニングを受けていない人が会社に入って、いきなりその領域にいけるかというと難しくて、やはり経験が求められますよね。そう考えると**20～30代くらいまでにお客様の立場になって考えて、それを言葉にするトレーニングをやるかどうかはすごく大きいですね。**

木下　やっていればみんなできるようになりますか？　できないままの人もいますか？

神田　やっぱりできない人もいますけど、トレーニングすればある程度はできるようになってきますよ。会社の中で言われたことをやりましょうって言われてそれだけをやっていると、どんどん頭が固くなってくるでしょうけど、頭が固い人も必要なんです。全ての人たちが相手の立場に立つ必要はないと思うんですけど、変化の激しい時代ですから、やっぱり自分で変革していける人にならないといけないじゃないですか。でもそのためには、自分のいる領域でまずは結果を出さないといけない。結果を出すことで人から信頼されるわけですから。

第 8 章

D2Cのリーダーたちが考えていること

これまでに16人のトップマーケッターや経営者たちに話を聞いてきた。各分野で輝かしい成果を上げている彼らから得られた知見は、非常に刺激的で学びの多いものだったが、実はその対話の中で、最後に必ず「何か悩みや課題があれば、私と一緒に考えさせてください」と問いかけ、「お題」を出してもらうことを欠かさなかった。

出されたお題は「販促」や「組織運営」といった具体的なテーマから、戦略的な方向性やマーケティングの新たな挑戦に至るまで、多岐にわたる内容だった。それらに向き合う中で感じたのは、「トップマーケッター」と呼ばれるような優れた人々も、私たちと同じように日々悩みや課題に直面しているということだった。この共通点には、どこか親近感を覚えると同時に、彼らの課題解決への真摯な姿勢に感銘を受けた。

私自身が彼らに対して提示した回答が、果たして正解だったかどうかは正直なところ自信がない。しかし、そのプロセスを通じて、共にアイデアを出し合い、考えを深めていく経験は非常に有意義だったと思っている。最後に、いくつかのトップマーケッターから寄せられたお題に対し、一緒に考えた内容を紹介したい。それが、読者の皆さんにとって何か新たな気づきやヒントになれば幸いである。

8-1

マーケッターの育成方法

I-ne・伊藤さんの抱える課題

できるマーケッターの育成方法は、伊藤さんだけではなく、トップマーケッターたち全員が頭を悩ませているテーマでもある。できるマーケッターとできないマーケッターにはどんな違いがあるのだろうか？　どのように育成すればできるマーケッターに育つのだろうか？

できるマーケッターとできないマーケッター

伊藤　木下さんは成長するマーケッターの共通点や素質はどういう点にあるとお考えですか？また、どういうふうにそういうマーケッターを見極められていますか？

木下　見極めは正直わからないですが、**成果を「出し続けられるマーケッター」と「一過性のマーケッター」と違いは明確にあると思っていて「視点」なんですよ。例えば商品を目の前にした時に、成果が出ないマーケッターって視点がプロダクトアウト（生産者視点）になっているんです。**

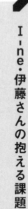

逆に成果が出るマーケッターは商品を店頭に置いたらどう見えるか？から逆算していくような感じで見ている。

伊藤　なるほど。俯瞰して見られたり、様々な視点を持っているんですね。

木下　ダイエー創業者の中内《なかうち》㓛《いさお》さん（日本の流通業界を大きく変えた伝説的な実業家の一人。ダイエーを創業し、日本におけるスーパーマーケットの黎明期から立ち上げに関わり、近年の消費者主体型の流通システムの構築を確立した。２００５年没）は、テレビなどでもよく紹介されているので知っている人も多いと思いますが、彼は自ら店舗に視察に行くんですよ。そこで彼が何をやっているのかというと、入り口から入って最初に目に入るものはなんだとか、この後ろ側に何があるとか、消費者の観点で店舗の動線を回って、おかしいと思うことをずっと指摘していくんですね。でもこれって誰でもできることなんです。

伊藤　そうですよね。

木下　ところが内側の人って、できなくなっちゃうんです。もちろん最初は素人としての感性を持っているんだけど、だんだんその感性が失われていって、視点が身につかないままになってしまう。でもできるマーケッターはずっとこの視点を持っているんです。この視点が身についている人は最初からできるし、10年やっても身につかない人もいます。

伊藤　はじめは身についていなくてもあとから身につくこともありますか？

木下　稀にありますね。

伊藤　稀になんですね（笑）。

できるマーケッターになる方法

木下　うちでも起きたことですが、広告を作っていると次第に、すでに世に出ている広告を見て自分たちの広告を作るようになっていくんですね。結局それって伝える先にいるお客さんを全然見ていない状態になっているんです。こっちがチェックする時はお客さん目線で見ておかしい点を指摘しますが、多くのメンバーが「お客さん視点」ではなくて、指摘している上司の好みを知ろうとするんですよ（笑）。大半の人がここで終わっていく。上司がいると良いものを作れるんですが、いなくなると作れなくなる。ただ、ちゃんとお客さんの視点になれる人は稀にいます。

伊藤　本当に全く同じ悩みがありまして、その「稀」をどうやったら生み出せるのか、型を持っておきたいんです。

木下　最近うまくいったのが売れている理由を文章にして書くという方法です。例えばＹＯＬＵが店頭に並んでいる写真を見せて、「これ売れてます。なぜ？」といった質問をすると、大体の人が「夜間美容というコンセプトが受けたから」とか「しっとりという言葉が響いたから」とか箇条書きのように言ってきますが、これを全部口語体で書かせるんです。

伊藤　あ〜〜なるほどですね！

木下　店頭に並んでいる設定なので、「僕は歩いてきました。商品に貼られているぴょこっと飛び出ているシールに目が止まりました。ここに夜間美容って書いてありました。その下に目を移すと〝アットコスメロコミランキング１位〟と書いてあって……」という感じで文章を書いていく。**いわゆる自分のセルフインサイトのカスタマージャーニー**（**自身が自らの行動や思考を深く掘り下げ、製品やサービスとの関わり方を理解しようとするプロセス**）**を言語化するということですね。これを繰り返していくと、感覚が身についてきます。**

伊藤　それをメンバーの方々とやって効果が出ているんですね。

木下　もちろんうまくいく人といかない人がいます。私の経験上、**左脳タイプ**（**理論派**）**の人はこれでうまくいくけど、右脳タイプ**（**感覚派**）**はうまくいかない。**左脳タイプの人は物事を見て箇条書きで考えてしまいがちなので、これを文章にすると「人間の心ってこう動いているよな」っていう実感と共に身についていくんですね。右脳タイプの人はこれがなんで売れているかを元々の感性で見抜けるので、全部書き出してしまうと逆に優先順位がつかなくなってわからなくなってしまうんです。

伊藤　なるほど。右脳タイプはそうなってしまうんですね。

木下　元々センスがある人がそれをやっちゃうと惑わされる。

伊藤　面白いですね。今のお話を聞いてたしかにそうだなと思いました。箇条書きできるメンバーとできないメンバーって絶対いますよね。

木下　それでやっていくと、稀にできるようになる人がいます。

伊藤　早速社内で使ってみていいですか。

木下　もう、ぜひぜひ（笑）。

8-2

リーダーの仕事は何か？

バルクオム・野口さんの抱える課題

創業してからこれまであらゆる業務を一人でやってきた野口さんだが、いまだに苦手なのがメンバーのモチベーションの上げ方といった部分だという。性格上ドライなコミュニケーションをしてしまっているところがあり、リーダーとして本当にこれで良いのか？という課題を抱えている。

コミュニケーションの前に「仕組み」を作れているか？

木下　コミュニケーションの方法が良いか悪いかは一旦おいておくとして、そもそも組織がうまくいっている・いっていないの定義ってすごく曖昧じゃないですか。

野口　曖昧ですね。

木下　考え方の基本ですが、**うまくいっていないなら変えるべきだけれど、問題が起きていなければそれでいいんじゃないですか**。野口さんには野口さんのタイプがあるし、メンバーにも色々

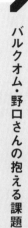

なタイプがいる。人によっては熱く働きかけることによって引いてしまう人もいる。ここに正解はなく、「うまくいっていない」という事実があるなら手を打つことを考えるべきだと思います。

野口　そうですね。もう一段踏み込むと、組織内でもベテランのマネージャー陣などとは意思疎通できているのですが、これから成長を期待している若手メンバーとは、うまく意思疎通できていない実感があります。20代の若手メンバーにはもう少しパッションを伝えて、成長していってほしいという想いがあるんですよね。木下さんはこのような若手のメンバーとのコミュニケーションはどうされていますか？

木下　基本的には**直接人に働きかけることを解決の手段として考えていない**んです。いろんな人がいて、それが表に出ているかどうかは別として、人ってやる気そのものはあるんですよ。それが出ているか出ていないかの違いだけなので、経営者の立場としては**「頑張りさえすれば成果が出やすい状態をいかに作るか」がポイント**になってくると考えています。その仕組みを作っていれば、人は頑張るし成果も出る。

野口　それ以外のコミュニケーションは必要ないということですね。

木下　いえ、優先順位の問題で、**マネジメントは大きく分けると仕事の管理と人の育成で、多くの管理職は人の管理ばかりをやりたがる**んですよ。でも大事なのは仕事の管理の方で、これをやり尽くした上で人に働きかけるべきです。だから私から言わせてもらえば、**「頑張りさえすれば成果が出る仕組み」を作る前に人に頑張りを求めてしまう管理職は手を抜いている**と言わざるを得ない。この仕組み作りを必死にやっているとなかなか一人ひとりへのアプローチの時間は捻出しづらいということはあります。

野口　なるほど。では個別のウェットなコミュニケーションは必要ないということでしょうか。

木下　**仕組みを作る前にウェットなコミュニケーションで解決を図ろうとするのは早い**、ということですね。私も別にそういったコミュニケーションが嫌いなわけではないんですが、順番の問題です。いわゆる大企業は、「頑張りさえすれば成果が出る仕組み」が構築できているから大企業なんですね。そこに社員として入り、管理職になった人の場合は、すでに仕組みはできているので人の育成をすればいい。でもベンチャーやスタートアップのような成長企業の場合は、「頑張りさえすれば成果が出る仕組み」作りをまず先にやらないといけなくて、それができないまま人に働きかけてしまうと、「頑張ったところで成果が出ない環境で頑張ってもなぁ……」と思われてしまうんです。

マネジメントの方法は組織がどのステージにあるかを見極めた上で考える

野口　よくわかりました。もう一つ気になっているのが、途中で入ったメンバーの業務の取り決めについてです。例えば中途入社のAさんに「あなたの業務の範囲はここからここまでです」と決めた場合、そのことだけに集中してしまって、他部署との連携がうまくできなかったり、視野が狭くなってしまったりなど、「頑張りさえすれば成果が出る仕組み」作りとの両立が難しく感じます。

木下　それはその通りで難しいんですよ。ある意味そこは組織の成長とトレードオフです。小さな規模の時は全体が見えているのであまり問題にならないのですが、どんどん組織が大きくなって業務を細分化した方が効率的になってくると、どうしてもそこの視野が身につかなくなっていくのは、組織の成長とトレードオフなんです。その人がプレーヤーとして一流になり、マネジメントする立場についた時に、そのあたりの視野を身につけてもらう、といった順序で考えるべきですね。

野口　なるほど、そういうことですね。

木下　一つの部署でプロフェッショナルになっていない人が、幅を広げようとしても中途半端になってしまいます。まとめると、**組織が今どのステージにいるのかによってその辺のやり方は変わってくる**、というのが答えでしょうか。

野口　すぐにでも「頑張りさえすれば成果が出る仕組み作り」に取り掛かろうと思います。

木下　そのノウハウについては『チームX』（ダイヤモンド社）という本に全て書いたので、よければ参考にしてください（笑）。

8-3

事業拡大に対する考え方

食べチョク・秋元さんの抱える課題

「生産者のためのサービス」として野菜中心の取り扱いからスタートした食べチョクだが、現在では野菜以外にも肉や魚、酒、花など、商品ラインナップが増えている。それに伴ってユーザーのニーズも多様化。どこかの分野を強化してサービスを尖らせるのか？特定ニーズに絞って強化するのか？組織を成長させるための次の一手が知りたい。

既存領域で戦うのか、新規領域へ進出するのか

秋元　マーケティングの基本的なセオリーとしては、ニーズを1つ決めて尖らせつつ、ターゲットユーザーも絞ってやっていくことが正解だと思うんですけど、現在の食べチョクにはターゲットユーザーもたくさんいるし、ニーズも多様化している状況で、当初の「生産者のためのサービス」というマーケティングメッセージがボケちゃっている気がしているんです。

木下　ただ、共通する部分はありますよね。

秋元　そうですね。

木下　**組織やサービスの規模をどのくらいにしたいかという目標によると**思うんですが、例えば楽天とかYahoo!の幹部の方に話を聞くと、決して総合力で勝負しようとは考えていないんですよ。

秋元　なるほど。

木下　外からは楽天のサービスとかYahoo!のサービスって見ていますが、実際にはYahoo!ファイナンスの人たちはファイナンスのマーケットの中でナンバーワンになろうとしているし、土地や住宅情報を扱う部門であれば、そこでのナンバーワンを目指している。つまり**分野ごとのナンバーワンが集まって結果的に強い総合プラットフォームになっている**んです。

秋元　今の組織はマーケティングチームは1つなので、ミッションどうしようってなっているんですけど、ニーズごとにチームを分けたりすることも選択肢に入ってくるんですね。

木下　チームか戦略かですね。例えば野菜のマーケットにおいての競合と肉のマーケットにおいての競合って実際には違うわけですよね。

秋元　違いますね。

木下　そこに対して戦略が練られているかどうかです。**今の食べチョクのブランドだけでリーチできている領域だけで成長できるんだったらチームも戦略も1つでいいんですが、この領域を超えていくとなると、ちゃんと分野ごとに戦略を立てていかないとならない**ので、そういう時期なのかもしれません。

秋元　それこそ野菜を買う人は日常使いが多くて、肉や魚であればハレの日に使っている人が多いという傾向があるんですが、そういった違いごとに別の戦略を立ててやっていくってことですよね。

木下　それらが集まった総合事業としての食べチョクというイメージで、最低限守るべきルールがある感じです。例えば、本編でお話しいただいたように、食べチョクは売れたものがさらに売れていくための力になる「ランキング機能」を取り入れないようにしているわけですけど、肉の事業はランキングのシステムををやった方が売れるよねってなった時にどうするか。そこで必要となった場合は、コンセプトが分かれてくるので完全に別の事業としてやった方がいいとなるかもしれません。

組織を拡大するには主力サービスの横展開？　新事業立ち上げ？

秋元　少し関連してくるんですが、ネーミングへの考え方もお聞きしていいですか？

木下　いいですよ。

秋元　ずっとこのTシャツを着ていることもあって、例えば肉を売り出す時も「肉チョク by 食べチョク」みたいな感じで、食べチョクを想起しやすいようにという狙いでここまでやってきています。一方でそれだとずっと食べチョクがついて来てしまって、サービスとして尖りきらない部分があると思っていて。木下さんはブランドごとに事業を立ち上げられていますけど、育ってきたブランドがあって名前も関連性を持たせたくなってしまっても、名前は思い切って分けた方がいいと考えていらっしゃいますか？

木下　それも目指すゴールによると思います。例えば30億円の売り上げがある場合、40～50億円にするんだったら「肉チョクby食べチョク」の路線でやっていった方がいいと思うんですが、100～200億円を目指すのだったら、「食べチョク」に依存した形でやっていたら難しいですよね。事業に関わるメンバーの意欲も含めて考えると、食べチョクという名前を出さずにやっていきましょうという考え方にした方が、組織を運営していく上でもいい気がします。

秋元　規模として大きくしていくんだったら、組織から切り出して名前も別で新規事業として大きくしていく方がいいんですね。

木下　食べチョクと全く関係ない名前を出すとするじゃないですか。それぞれ別々でやって自分たちで事業を作っていきましょうと。それが育っていったあとに、もう一回総合的な名前を考え直すとかもありますよね。

秋元　ああ、なるほど。

木下　これは我々の実際の体験ですけど、**年商20億円の会社が100億円を目指しますってなった時に、20億円までに培ってきたやり方をベースにしてもたぶん100億にはいかないんです**よ。我々は20億いくまでに15年くらいかかってましたから、そのやり方でいくとあと60年かかるよねと（笑）。では**20億円の会社が100億円になるためにはもう1つ別の80億円の会社を作る**

という話なんですけど、その時に絶対やってはいけないのは、20億円になるのに15年もかかったやり方でやることなんですよ。

秋元　なるほど……いや、おっしゃる通りですよね。つい目の前に育ててきた事業があるとどうしてもその延長線上で考えてしまいがちなので、そうならないような取り組みを始めてみます。

木下　どうしても現場では財産をベースにって考えてしまうんですけど、事業家の観点で見るとそこはシビアですよね。

秋元　ありがとうございます。このタイミングで聞けて良かったです。もしかしたら次にお会いする時はTシャツのロゴが変わっているかもしれません（笑）。

木下　ロゴはいいですけど、Tシャツは一生着ていてほしいですね（笑）。

8-4

マネジメントクラスの採用に関する考え方

オルビス・小林さんの抱える課題

幹部クラスの採用・登用・育成において、能力要件だけで入れる場合と、能力が足りていなくても会社への愛やロイヤリティがある人を内部から引き上げる場合があるが、組織がもっと成長していった時の採用・登用・育成の考え方についてずっと悩んでいる。

スキルがあるか、考え方は合うかの2点が重要

小林　幹部クラスの採用や登用と育成についてずっと悩んでいます。能力要件だけで入れる場合と、能力が足りていなくても会社への愛やロイヤリティがある人を内部から引き上げる場合とがあるじゃないですか。

木下　これは難しいですよね。組織の規模にも現在のステージにもよると思うんですよね。当社と御社でも全然違うとは思うんですけど、幹部は高いスキルが求められますし、組織の考え方に

シンクロしていることも重要じゃないですか。**外部から採用する際はある程度スキルを持った人を採りますけど、考え方の部分で合うか合わないかが問われますよね。**実際に僕の友人に自分自身が幹部としてヘッドハンティングされて、その後その経験を元に自らがヘッドハンターとして活躍している人間がいるんですけど、**ヘッドハンティングの8割は失敗する前提で考えた方がいい**って言うんですよ。それはスキルが足りていなかったり考え方が合わなかったりするからだと。例えば我々ぐらいの規模でも、前職である程度の実績を持った幹部候補が外から来ることもあるんですが、悪い言葉で言うと舐めて入ってくる人もいるんです。その時にうちの考え方はこうなんだというのを伝えると、大体「わかっています」となる。そこで「わかっています」の一言では済まなさそうだなと思わせることが大事だと思っていて、そのために僕は本を書いているんです。1回読んだだけではわからないような本を数冊出して、うちの社員は全員あれをマスターしている人たちなので、ちょっと読んで「はい、わかっています」という感じで入ってくると浮きますよって伝えます。

小林　うちも木下さんの書いた本は社内教育で使わせていただいております。

木下　ありがとうございます（笑）。

小林　本を出す前とあとでは、採用の精度は違いますか？

木下　だいぶ違いますね。例えば売上が大事だよねと考える人がいるとするじゃないですか。そこを「いや、利益の方が大事なんだ」と説明しても、もう思い込んでいるんでなかなか納得してもらえないんですよ。でも私の書いた『売上最小化、利益最大化の法則』（ダイヤモンド社）という本を渡して、「うちは基本的にこの考えでやっているから、これが合わなかったらうちに来たらきついよ」で済むんですよ。

小林　そうですよね。

木下　うちはこういう文化とか価値観でやっているんだというのを先に渡すみたいな感じです。

小林　私はそこが意外とできていないですね。**考え方を文章化しておけば自分も組織全体の考え方の精度も上がるし、社内での議論の生産性も上がって無駄がなくなりますよね。**

木下　そうなんです。

小林　ちなみに、『売上最小化、利益最大化の法則』の中で手の内をほとんど明かされていますけど、それは抵抗なかったんですか？

木下　あの本は売上を上げるための本じゃなくて、利益を上げるための本じゃないですか。例えば同業者さん、ライバル会社があの本の通りにやると、まず無駄な売上を減らそうとします。ということは、無駄な広告を減らそうとする。みんなが広告出稿量を減らすと広告費相場が下がるんですよ。なので当社にもメリットが返ってくるんです。

小林　なるほど。

木下　ライバルの利益が上がってもこっちの売上が減るわけではないじゃないですか。売上が増えたらこっちの売上も取られますが、無駄なコストを下げて利益が増えてもこっちは全く損失がないんです。

小林　わかっていない人たちが広告費をバンバン投下することの方がはっきり言って弊害です

ね。

木下　なのでみんなでちゃんと利益を考えましょう、無駄な広告投資をやめましょうと言って、みんながやめていくと相場が下がって全員利益率が上がって儲かりますという話なんです。

小林　いや、なるほど。ものすごく納得しました。ありがとうございます。

特許を持つ技術を大ヒットに繋げる方法

ファクトリエ・山田さんの抱える課題

服についたシミに悩んで、汚れない加工を施した白いパンツを作った。売れ行きもよかったが、他の商品を作ったりシリーズ化したりはしていない。汚れないという後加工をどうすればもっと売れるものにできるか、新しいアイデアがほしい。

「汚れない」特許技術そのものを売るためのプロセスと考え方

山田　いつの間にか服にミートソースがついていたとか、いつの間にか醤油がついていたとかシミに悩んだことってありません?

木下　超ありますね。常にあります。

山田　僕もこれに悩んでいたので汚れない加工をした白いパンツを作ったんですよ。特許を取った特別な加工を施しています。ちなみに「PROOFECT（プルーフェクト）」っていう商標を取って白いパンツで打ち出して、おかげさまで売れたんですが、もっとこれを使って商売に繋げられるんじゃないかと思っていて、木下さんならもっと良いアイデアを思いつくのではないかと思って相談しています。

木下 いや、どうだろう（笑）。汚れないズボン、普通に売れたでしょ？

山田 すごく売れました。ターゲットとか絞らずに万人に売れました。

木下 じゃあ、もういいんじゃないですか？（笑）。

山田 いやいや！この技術をこのパンツだけで留めていていいのかなとか、もっと他にこういう商品を作ったらいいんじゃないか……とか。

木下 汚れないっていうのはどんな原理で汚れがつかないんですか？

山田 これまでもテフロンやフッ素を使っているものだったり、あとはコーティングして防水加工のように水分を弾く加工のものってあったんです。でもこれはまずテフロンを使っていなくて、フッ素も使っていません。コーティングではなくて、糸1本1本に技術を施しているので、空間は開くため空気が通るんですよ。だから蒸れないんです。弾く力はずっと続くし、ちょっと弱まったらドライヤーとかを当ててもらえるとまた復活します。

木下 お話を聞くと、**商品に落とし込む前に技術そのものの知名度を上げた方がいい**かなっていう感じがして、特許を取ってらっしゃるんですよね。その技術に名前って付いているんですか？

山田 「proof」が弾くで perfect に弾くっていう意味で「ＰＲＯＯＦＥＣＴ」っていう名前を付けました。

木下 それでも構わないんですけど、テフロン加工とかとは違うっていうことがわかる名前の方がいい気がします。水分を弾く技術自体は他にも存在しているので、ネーミングで他とは違う技術であることを伝えるのが大切だと思います。その技術をベースにしながら、その名前を押し出して「これが汚れない白いジーンズです」って出すのが一番とっつきやすいじゃないですか。「汚れない白いジーンズです」でもほしい人は買ってくれるんだけど、実はこのジーンズには汚れない特許の技術を使っていて、同様の技術を使って作った商品が他にもこれだけありますみたいな感じで展開していくとかが考えられますね。技術の部分にブランド力をつけていくイメージです。

山田　ヒートテックみたいな。

木下　そうそうそう。

山田　ヒートテックもいろいろな商品がありますもんね。

木下　ヒートテックはインナーウェアで大ヒットして、そこから他の商品にも展開していったと思うんですよね。ここで止めているのはすごくもったいない気がしますよね。

山田　この技術の広げ方としては、やっぱり白っていうものが相性がいいのか、他に何かわかりやすいものってありますかね。

木下　順番は白だと思います。ただ、日常生活のなかで洋服が多少汚れてもそんなに気にしないというのはありますね。でも大事なシーンで汚れがあるとすごく嫌じゃないですか。例えばデートの日だったり大事な商談だったり、僕だったらYouTubeの撮影の時に服に汚れがあったらダメじゃないですか。「大事な時に絶対に汚れない」という切り口とか、シーンを伝えていくっていうのも重要ですね。あとビジネスモデルとしては、**自分で商品を作るんじゃなくて、その技術**

を他の販売力のあるところに売った方が広がる気はします。最初は白いジーンズとかの商品で認知させていくことはすごく重要で、そのまま次々と商品を出していくっていうのもありますけど、この技術だけを独り歩きさせていった方が商売としては早いっていうのはあります。例えばYogiboってあるじゃないですか。あの布って当然使っているうちに汚れていきますけど、この加工をすると汚れにくくなりますってなると、一気に広がりはしますよね。

山田　汚れっていうものが関係するものは、洋服に限らず全部いけるんじゃないかってことですね。そうなると本当にネーミングって大事ですね。

8-6

再現性のある売れる商品の作り方

DINÉTTE・尾﨑さんの抱える課題

まつ毛美容液『アイラッシュセラム』を大ヒットさせ急成長を遂げたDINÉTTEだが、掲げる目標は、誰が聞いてもイメージが浮かぶブランドを生み出すことだ。そのためには次なる大ヒット商品を生み出す必要があり、そのための方法や考え方を模索している。

ヒットを出し続けるためのお客様アンケートの極意

尾﨑　再現性を持ちながら売れる商品を作るにはどうしたらいいんでしょうか？

木下　売れる商品を出す方法について知っていたら教えてほしいくらいです（笑）。

尾﨑　あはは（笑）。

木下　と思っていますが、私たちもいっぱい失敗しているんですよ。絶対売れると思いながら滑り倒したっていうのもたくさんあって。で、やっぱり、**発売前の段階でお客さんにアンケートを**

して確認するというのを徹底的にやっていますね。

尾崎　そのアンケートってどうやってやられているんですか？

木下　まず商品の企画の段階でコンセプトを固めて、単純なチラシみたいなものを作るんですね。本当に手書きに近いレベルで効果効能や価格情報を載せて、一般の人にネット上でアンケートを取るんです。こんな商品があったらほしいですか？と聞いて、ほしいと思った人に「この商品が○円ですけど買いますか」とアンケートで聞いていく。そこでよくあるのが「ほしいです」って言う人に「この値段ですけど買いますか」って聞くと「買いません」となるケースです。**ニーズがあるから売れるわけではなく、価格受容性という壁があるので、ほしいと思った人の中で実際に買いたいと思った人がどれぐらいいるかを見極めることが大切です。**

尾崎　なるほど。

木下　ただ一方で、もしそういうアンケートを自分が取られたら、商品を頑張って作っているんだろうというアンケート実施者への思いが働いて、最後の項目に「買う or 買わない」という選択肢があって、選択に迷ったらとりあえず「買う」に丸をつけてしまうでしょ？

尾崎　ああ、たしかにそうですね。

木下　ということは、そこの信憑性はかなり低いんです。**なのでパーセンテージの数字で判断するんじゃなくて、うちのアンケートでは買いたいと思った理由を自由記述で書いてもらいます。**その自由記述を読んでいきながら、この人は本当に買うかどうかを全部見極めるんです。

尾崎　それって自由記述を見ればほぼ確実に買ってもらえるだろうなっていうのがわかってくる

んですか？

木下　なんとなくなんですけど、わかってきます。大きな括りとして、**買いたいと思った理由を「自分理由」と「商品理由」に分けるんですね。「自分理由」は私は何々だからこの商品がほしいという自分起点、「商品理由」は、この商品はこうこうこうだからほしいという商品起点になっていて、本当に買うかどうかの信憑性があるのは「自分理由」なんですよ。**

尾崎　ああ〜たしかに！

木下　「この商品は他のものよりここが優れているからほしい」というのは、実際には比較検討されても選ばれなかったりするんですけど、「私はこれに悩んでいて、その悩みにぴったりの商品だからほしい」と思った人は買ってくれる。そこだけを抜き出していって全体のパーセンテージがどれくらいかを見るんです。

尾崎　面白い！なるほど。

木下　それでいくと比較的当たりやすい。

尾崎　自由記述で自分理由で書いてくれた人が何割ぐらいいたら商品化とかって決められているんですか？

木下　ごめんなさい、数字は覚えてないんですよ（笑）。パーセンテージでやるんですが、自社ですでに売れている商品と売れていない商品ってありますよね。それらでさっきのアンケートをやるんです。

尾崎　へえ〜なるほどなるほど。

木下　もうすでに発売してるんですけど発売していないかのようにして、こんな商品を考えてるんですけどってアンケートを取るんですね。そしたら売れている商品と売れてない商品に数字の差が出てくるんですよ。そこでパーセンテージがこうだった場合は売れる可能性が高いとなる。

尾崎　すごい。めちゃくちゃ学びです。うちの場合はアンケートを取るって言っても、自分事化させるような回答が得られるアンケートの取り方はしていなくて、フィードバックを細かく落とし込むような自由記述とかってあんまりやってなかったので取り入れたいです。

木下　ぜひやってください。我々もそれをやってみて、たぶんいけるんだろうなと思いながら商品を作っています。本当にテストをいっぱいするんですよ。売れている商品と売れてない商品でアンケートを取ってみたら、アンケートの結果は全く同じだったとかっていうのもいっぱいあって、その積み重ねから自由記述という設問をアンケートに入れることにたどり着きました。

尾崎　いくつか同じようなパーセンテージの高い商品があったとしたら全部出してみるんですか？

木下　何種類か出してみますね。

尾崎　やっぱりそうなんですね。そこからＡＢテストなどの検証をしてＣＰＯの安いものから投資していくんですか？

木下　そうです。それで今度は「商品ができました！」って色々広告も出してＰＤＣＡ回しながらやっていくんですけど、**売れる商品はいきなり売れるし、売れない商品はどれだけ頑張ってもなかなか売れないというのがわかってきて、今はいきなり売れる商品とどれだけ頑張っても売れ**

ない商品の違いが何なのかっていうのをデータを取りながらやっています。これをずっとやっていくと、いつか百発百中になるんじゃないかと信じてやっている感じですね。

尾崎　すごい。見習います。時間をかけても訴求の仕方を変えても、売れないものは売れないのはなんでなんですかね。

木下　いや、わからないですよね。でもそういう時はヒアリングします。

尾崎　どこが微妙ですかって聞くんですか？

木下　例えば男性向けの商品を作った時はフィットネスジムにいる男性を捕まえて、「こんな商品があるんですけどこの値段で買いますか？」って聞いていました。「他にこんな商品がある」とか「面倒だから買わない」とか、生の声を聞いていくことが大事です。

8-7

マーケティングチームの内製化

ジェイフロンティア・中村さんの抱える課題

マーケティングのスキルや知識を身につけたところで、一人で実行するには限界がある。よって、社内で組織的に取り組んでいかなければならないが、社内のマーケティングチームの採用育成に悩んでいる。

採用も育成もクリエイティブ職と広告運用職で完全に分ける

中村　木下さん、御社のマーケティングチームって内製化されてるじゃないですか。あれ、本当にすごいと思うんですよ。採用とか育成って、どういう戦略でやっているんですか?

木下　今のところは**クリエイティブと広告運用は完全に職種を分けていますね。やっぱり、それぞれ求められるセンスが全然違うんです。広告運用は入札とか調整とか、めちゃくちゃ理系的な作業が多いんで、採用時点で理系の適性がある人を選ぶようにしています。それに、採用プロセスもクリエイティブ職とは完全に分けてますよ。選考テストもそれぞれ別々にしていますし。**

中村　なるほど。最初から向き不向きをしっかり見極めているんですね。

木下　そうですね。正直、向いていない人を育てるのは難しい職種なんですよ。広告運用だと、アルゴリズムを理解したりするスキルが求められるので、うちでは現状、ＩＱ１３０以上の人を基準にして入社してもらっています。

中村　え、マジですか？　ＩＱテストとかやっているんですか？

木下　はい、簡易的なＩＱテストを採用プロセスに取り入れています。昔は１２０以上の基準でやっていたんですけど、今は１３０以上じゃないと厳しいですね。広告運用って、ＩＱが高い人にとってはめちゃくちゃ面白い仕事なんです。だから多少他の部分が弱くてもＩＱが高ければ採用することもあります。

中村　へー、じゃあクリエイティブ職はどうなんですか？

木下　クリエイティブ職の方は、実際に作ってもらったものを見て評価します。ユーザー目線でデザインやＵＩ／ＵＸを考えられるかどうかを重視していますね。完全にセンスの世界なので、そこを見極めて採用しています。

中村　なるほど。Ｗｅｂマーケッターって、報酬の設計も難しそうですよね。

木下　その通りですね。優秀な人材ほど報酬やインセンティブに期待しがちですけど、インセンティブ制にすると成果が時期によってばらつきます。例えば、ヒット商品が出た時は売上が伸びますけど、そのピークを過ぎると下がることもありますよね。だから、完全に連動させないようにしています。

中村　たしかに、それだと安定しないですもんね。

木下　そうなんですよ。だから成果が出た時は上げつつも、安定性を保てる報酬設計を心がけています。

中村　ちなみに、採用後の教育期間ってどのくらいなんですか？

木下　大体3ヶ月から半年くらいは研修期間があります。その期間で基準をクリアした人が正式に配属される流れです。

中村　いやー、徹底していますね。すごいなぁ。

木下　ありがとうございます。これからもチームの成長に力を入れていきたいと思っています。

中村　いや、本当に参考になりました。またいろいろ教えてください。

木下　もちろんです！こちらこそ、引き続きよろしくお願いします。

おわりに

本書を最後まで読んでいただき、感謝申し上げる。

本書を手に取り、16人のトップマーケッターたちの知恵と経験に触れたことで、読者の皆さまの中に新たな視点やアイデアが芽生えていることを願う。本書がマーケティングの新たな可能性を切り開くきっかけとなったなら、これに勝る喜びはない。

本書では、ヒット商品やサービスを生み出すための思考法やノウハウを徹底的に掘り下げ、その核心をお届けした。ただし、これらのノウハウはあくまで道具である。重要なのは、それをどのように活用し、読者の皆さま自身がどのように成長し、挑戦するかである。

16人のトップマーケッターたちのストーリーには、成功に至るまでの苦労や試行錯誤、そして数多くの失敗が隠されている。それらを乗り越えたからこそ、彼らは成功をつかむことができた。読者の皆さまもまた、挑戦の中で壁にぶつかることがあるかもしれない。その際には、彼らの知恵や思考を思い出し、自分なりに活用してほしい。本書が、その壁を乗り越える手助けとなれば幸いである。

本書の制作に際し、16人の登場者には様々な手続きや調整をお願いする場面が多くあった。その過程で改めて感じたのは、「成功する人は即レスである」という事実である。登場者たちは、それぞれが自らの会社を経営する大変多忙な方々である。それにもかかわらず、私がメッセンジャーやLINEで一斉に依頼を送った際、驚くべきことに、5〜6時間以内には約8割の方から対応完了の返信があった。

多忙な日常の中で、全員が常にメッセージをチェックしているわけではない。それでも、このスピード感から、メッセージを見た瞬間に行動していることが容易に想像できる。

私自身も「即レス」を心がけているが、この書籍作成を通じて、その重要性をさらに実感した。多忙な人ほど即レスでなければ、日々のタスクをこなしきれない現実がある。1日に100件もの対応が必要な案件が次々に舞い込む中、「あとでやろう」と考えていると、やるべきことが積み上がり、結果的に処理が追いつかなくなる。

そのため、案件が発生した瞬間に「すぐに対応できるものはその場で処理する」「時間がかかるものはいつ対応するかを即座に決める」といった判断が求められる。このような習慣が身についているからこそ、1日100件の案件を処理できるのだ。逆に、この習慣がなければ、どんなに優秀な人でも同じ量をこなすのは難しいだろう。

普通の人が1日で5～6件しか案件をこなせない中、トップマーケターたちは100件もの案件を処理している。その中には、ABテストやマーケティングのPDCAも含まれている。そのような「量の差」があれば、多少センスが足りなくとも圧倒的な成果を出せるのは当然である。

本書を通じてトップマーケターたちの行動や考えに触れる中で、私が得た最も重要な教訓は「即レスを習慣化することが成功の第一歩である」ということであった。この気づきが、読者の皆さまの日々のビジネスや生活に少しでも役立つことを願う。

最後に、ご協力いただいたトップマーケターの皆さま、そして本書を手に取ってくださった読者の皆さまに、心より感謝申し上げる。

次の成功を信じて。またどこかでお会いできることを願っている。

装　丁　西垂水敦・内田裕乃（krran）
本文DTP　加藤一来
校　正　株式会社ヴェリタ
編集協力　株式会社FM NORTH WAVE
寺尾祥之
株式会社エム・アイ・ピー　代表取締役　松山泰弘
編　集　白戸翔（ニューコンテクスト）

木下勝寿 Katsuhisa Kinoshita

株式会社北の達人コーポレーション（東証プライム上場）代表取締役社長
神戸生まれ。大学在学中に学生起業を経験し、卒業後は株式会社リクルートで勤務。2002年、eコマース企業「株式会社北の達人コーポレーション」設立。独自のWebマーケティングと管理会計による経営手法で東証プライム上場を成し遂げ、一代で時価総額1000億円企業に。フォーブス アジア「アジアの優良中小企業ベスト200」を4度受賞。東洋経済オンライン「市場が評価した経営者ランキング2019」1位。日本国より紺綬褒章8回受章。著書にベストセラーとなっている『売上最小化、利益最大化の法則』『時間最短化、成果最大化の法則』『チームX』『「悩まない人」の考え方』（以上ダイヤモンド社）、『ファンダメンタルズ×テクニカル マーケティング』（実業之日本社）がある。

なぜあの商品《しょうひん》、サービスは売《う》れたのか？
トップマーケッターたちの思考《しこう》

2025年1月30日　初版第1刷発行
2025年2月6日　初版第2刷発行

編　著　木下勝寿
発行者　岩野裕一

発行所　株式会社実業之日本社
〒107-0062 東京都港区南青山6-6-22 emergence 2
電話（編集）03-6809-0473（販売）03-6809-0495
https://www.j-n.co.jp/
印刷・製本　TOPPANクロレ株式会社

 ISBN978-4-408-65142-2（第二書籍）